VERLAG ANTJE
KUNSTMANN

Miguel Benasayag
Gérard Schmit

Die verweigerte Zukunft

Nicht die Kinder sind krank,
sondern die Gesellschaft,
die sie in Therapie schickt

Aus dem Französischen
von Karola Bartsch

Verlag Antje Kunstmann

© Verlag Antje Kunstmann GmbH, München 2007
© der Originalausgabe: La Découverte, Paris, 2003, 2006
Titel der Originalausgabe: *Les passions tristes*
Umschlaggestaltung: Michel Keller, München
Umschlagbild von Michael Sowa
Typografie + Satz: www.frese-werkstatt.de
Druck + Bindung: fgb • freiburger graphische betriebe, Freiburg
ISBN 978-3-88897-492-2

Inhalt

Was wollen wir?

»Ich höre dir zu ...«, das ist die Zauberformel, das Sesam, öffne dich! unserer täglichen Arbeit in der Kinderpsychiatrie. Reden (*talking cure*) als einziges therapeutisches Verfahren? Beileibe nicht, es existieren genügend andere Methoden: Mediation (Konfliktregelung und Konsensgestaltung), Einzel- und Gruppentherapie, Arbeit in und mit Institutionen sowie gelegentlich auch der Einsatz von Medikamenten. In der Kinderpsychiatrie sind jedoch nach wie vor Reden und Zuhören die Grundlage jeder Arbeit. Die Beziehung zum Patienten ist zuallererst und in einem umfassenden Sinne »psychotherapeutischer« Natur.

Wenn hier zwei Veteranen des Zuhörens das Wort ergreifen und ihrerseits um Gehör bitten, könnte der Leser vermuten, es gehe vor allem um »Neues vom Fach«. Seien Sie beruhigt: Wir haben nicht vor, denjenigen, die in kinderpsychiatrischen und heilpädagogischen Beratungsstellen tagtäglich vielfältigen Anforderungen gegenüberstehen, wohlfeile Ratschläge zu erteilen.

Unser Ziel ist ein anderes: Wir wollen die neuartigen Probleme, mit denen wir in unserer Arbeit seit einiger Zeit konfrontiert sind und die den Lebensalltag derer prägen, die uns aufsuchen, besser begreifen und einige Denkanstöße geben.

Neue Formen psychischen Leidens?

In einem ersten Schritt beschäftigen wir uns mit dem enormen Zulauf und der wachsenden Zahl von Problemen, die Familien, Institutionen, Einzelpersonen, kurz, die Gesamtheit der Gesellschaft an uns herantragen, eine Entwicklung, die unserer Ansicht nach über die bloßen Zahlen hinaus eine gewisse Aussichtslosigkeit zum Ausdruck bringt, die unsere Epoche kennzeichnet.

Zugegeben, wir sind vorrangig professionelle Krisenmanager. In unsere Beratungsstellen kommt man nicht, um mit einem »Spezialisten für das Liebesleben« oder gar einem »Glücksexperten« zu reden. Man erwartet vielmehr einen Gesprächspartner, der bestimmte Grundtechniken beherrscht und den »Durchblick« hat (wie man sich das bei einem Psychiater oder Psychotherapeuten eben vorstellt). Seit einiger Zeit werfen gewisse Veränderungen allerdings die Frage auf, ob wir uns nicht einem neuartigen Phänomen gegenübersehen, das sich nicht allein in Form einer gesteigerten Nachfrage äußert. Fest steht, dass der derzeitige Andrang die Kapazität unserer Anlaufstellen bei Weitem übersteigt. Aber handelt es sich dabei nicht in erster Linie um eine qualitative Veränderung in dem Sinne, dass die Klagen uns nicht nur durch ihre Vielzahl, sondern vor allem in Bezug auf ihre Inhalte überfordern?

Normalerweise erwartet man von uns, dass wir zuhören und psychische Leiden bei Jugendlichen und Familien, die sich an uns wenden, erkennen und behandeln. Andererseits liegt es auf der Hand, dass sich die Art der Klagen, ja, selbst die Art der Leiden im Lauf der Zeit verändern. Genau das ist derzeit der Fall, und deshalb suchen wir in den »Psychoproblemen« nach bestimmten Konstanten, damit wir mit dieser Entwicklung Schritt halten können. Um Missverständnissen vorzubeugen: Natürlich sind wir nach wie vor für Kinder und Jugendliche da, die Symptome und Krankheitsbilder einer psychischen Störung zeigen. Doch zugleich sind wir Anlaufstelle für Familien, Schulen, Bezirksbehörden, Arbeitsämter und Gerichte, die sich ebenfalls in einer Krisensituation befinden. Sie schicken täglich Hunderte von Kindern und Jugendlichen zu uns. Auf diese Weise sind unsere Beratungsstellen allmählich zu einer Art Auffangbecken für die diffuse Aussichtslosigkeit geworden, die sich in der Gesellschaft ausgebreitet hat.

Psychologen als Therapeuten der Gesellschaftskrise?

Diese Flut spiegelt im Alltag die Ängste der gesamten Bevölkerung wider: Wir haben es mit Familien zu tun, in denen Scheidung oder chronische Arbeitslosigkeit der Eltern zu Desozialisation und massivem psychischen und sozialen Leiden führen; mit Lehrern, die uns auf der Suche nach »fachlich kompetenten« Lösungen für die Probleme im Zusammenhang mit Gewalt, Erpressung und Drogen konsultieren, mit denen sie täglich zu tun haben … Zu diesen Fragen, die uns Tag für Tag gestellt werden, kommen noch die von Erziehern, Richtern, Sozialarbeiter/-innen und sonstiger gesellschaftlicher Akteure und institutioneller Vertreter. Sie alle betrachten uns als Spezialisten, die zumindest eine Hypothese liefern können, damit sie die Situationen, mit denen sie konfrontiert werden, unter Umständen besser verstehen.

Einerseits finden die maßgeblich Beteiligten oft, dass es von Psychotherapeuten nur so wimmelt, dass man keinen Schritt tun kann, ohne einem dieser »Seelenklempner« über den Weg zu laufen. Andererseits kommen sie angesichts eines düsteren und beängstigenden Alltags mit hohen Erwartungen zu uns, als wären wir der letzte Schutzwall vor unbegreiflichen und schmerzlichen Situationen, die über sie hereinbrechen und denen sie sich nicht gewachsen fühlen. Diese gesellschaftliche Ambivalenz den Psychotherapeuten gegenüber ist, wie wir sehen werden, durchaus verständlich, doch wir können an dieser Stelle auch schon sagen, dass es nicht ungefährlich ist, aus Lebensgeschichten Krankheitsfälle zu machen. Wird die naturgegebene Komplexität des Lebens selbst schon pathologisch? Sind wir heutzutage tatsächlich nicht mehr in der Lage, uns einer Angst zu stellen – und sei sie auch noch so grundlegend und verbreitet –, ohne sie von vornherein unter dem Aspekt der richtigen Bewältigungstechnik zu betrachten?

Zugegeben, die Situationen, mit denen wir zu tun haben, sind in unterschiedlichem Maße alle eine Quelle des Leids, doch erfordern sie deshalb auch alle psychologische Betreuung? Bei allen offenkundigen Unterschieden ist ihnen einiges gemeinsam: Sie alle lösen Ängste aus, führen leicht zu Gewalttätigkeit (auch gegen sich selbst, wohlgemerkt) und rufen ein Gefühl der Bedrängnis, der *Krise* und schwindender Sicherheit hervor. Und wie sollte man auch die Augen davor verschließen, dass sich in unserer Gesellschaft eine ganz reale Unsicherheit im Alltagsleben breitmacht? In der Tat stellen sich bestimmte Situationen als Abfolge unvorherseh-barer, unfassbarer Einbrüche dar – als permanenter Aus-nahmezustand.

Natürlich führt ein (nahezu) permanentes Gefühl der Un-sicherheit und der Gefährdung zu psychischen Konflikten, was aber nicht heißt, dass das Problem in der Psyche be-gründet ist.

Ein Beispiel, um die derzeitige Beziehung zwischen psy-chischen Leiden und der Krise unserer Gesellschaft zu veranschaulichen: Nach einem Verkehrsunfall erhalten Ver-letzte wie auch unversehrte Beteiligte psychologischen Bei-stand. Niemand streitet ab, dass diese Menschen psychisch angegriffen sind, andererseits ist wohl auch niemand der An-sicht, das Problem wurzle in der Psyche der Betroffenen. Auch die Opfer von Attentaten werden psychologisch betreut, doch glaubt kein Mensch, bei Attentaten und dem weltpoliti-schen Geschehen handle es sich um eine »Frage der Psyche«.

Nur weil mehr oder weniger alles Soziale auch eine psy-chologische Dimension hat, kann man nicht alles auf diese zurückführen und Psychotherapeuten und -analytiker ge-wissermaßen zu Gurus stilisieren, die man jederzeit zu Rate ziehen kann und von denen man annimmt, sie hätten zu allem und jedem etwas zu sagen.

Methodenwirrwarr in der ärztlichen Praxis

Zu den klassischen, nämlich psychopathologischen Frage-stellungen, für die wir ausgebildet wurden, gesellt sich also eine neue Kategorie von Anforderungen. Diese neuartigen

Klagen, die sich innerhalb nur weniger Jahre in den Vordergrund geschoben haben und auf die wir als »Fachleute des Leidens« im Grunde nicht vorbereitet sind, wollen wir in diesem Buch analysieren. Folglich ist es unsere Pflicht, die Frage nach dem — bei uns vorausgesetzten oder tatsächlich erworbenen — Wissen neu aufzurollen, das uns autorisieren würde, auf eine derart tief greifende Krise der Gesellschaft zu reagieren. Und wir müssen den Leser auf eines aufmerksam machen: Auf verschiedene Fragen haben wir vielleicht keine Antwort oder jedenfalls keine, die auf unseren Fachbereich beschränkt wäre.

Nochmals: Es geht nicht darum, um das Problem herumzureden und dadurch den Anschein zu erwecken, es existierten treffliche Lösungen und bestimmte Personen wüssten eine Antwort auf das gegenwärtige Unbehagen an unserer Kultur. Dieses Unbehagen ist mit rein fachlicher Kompetenz nicht zu fassen; bestimmte gesellschaftliche Probleme lassen sich nicht allein durch die Anwendung bestimmter Techniken bewältigen.

Genau das versucht jedoch die Behandlung mit Medikamenten zu suggerieren, die derzeit die Therapie zu beherrschen droht. Es geht Ihnen nicht gut? Sie haben Schmerzen? Die pharmazeutischen Labors bieten an, Störungen in erster Linie auf molekularer Ebene zu beheben. Denn was ist der Mensch anderes als eine mehr oder weniger gelungene Anhäufung von Molekülen? Scherz beiseite — wir haben nichts gegen Medikamente.

Wir wollen vielmehr zu grundsätzlicheren Überlegungen anregen, fern von Richtungsstreits und Fachdebatten über Zuständigkeiten. Denn ohne die unterschiedlichen Strömungen und Standpunkte in Theorie und ärztlicher Praxis leugnen zu wollen, sind wir der Ansicht, dass der Berufsstand der Ärzte und Therapeuten im Großen und Ganzen durchaus leistungsfähig ist; mehr noch, wir stellen fest, dass im psychosozialen und medizinischen Bereich Männer und Frauen tätig sind, die – wenn sie Kleinkriege und Grabenkämpfe erst einmal hinter sich gelassen haben – ihre Arbeit sehr ernst nehmen, die unablässig dazulernen wollen und Fortbildung im Allgemeinen als logischen und notwendigen Bestandteil ihrer Arbeit betrachten.

Mit dem Gesagten wollen wir daher auch keineswegs gegen unsere Kollegen polemisieren. Im Gegenteil: In gewisser Hinsicht ist die praktische *Leistungsfähigkeit* unserer Profession angesichts der unzureichenden Antworten, die wir bieten, eher beunruhigend. Denn im Gegensatz zur Meinung vieler Laien können wir uns in der Psychotherapie nicht damit zufriedengeben, von *Leistung* zu sprechen, als gehe es darum, eine konkrete Arbeit eher erfolgreich oder aber dilettantisch auszuführen.

Dies ist eines der zentralen Themen im Rahmen unserer Problemstellung, da man die jeweilige Leistung nur vergleichen kann, wenn man sich vorher auf ein klar umrissenes Ziel verständigt hat. Damit tut man freilich so, als hätten wir alle ein gemeinsames Ziel, als führten alle Wege nach Rom und man müsse sich nur noch für den passenden entscheiden. In der Realität sind wir davon jedoch weit entfernt; es gibt nur sehr wenige Berührungspunkte zwischen dem Therapeuten, in dessen Augen jegliches Verhalten einen biologischen Unterbau hat und es lediglich um eine *Therapie der Moleküle* geht, und jenem, der im Gegensatz dazu versucht, seinen Patienten auf der Suche nach dem Sinn zu begleiten, der sich im Kern des Symptoms verbirgt. Diese Ansätze verweisen auf unterschiedliche philosophische Vorstellungen, unterschiedliche Menschenbilder, unterschiedliche gesellschaftliche und kulturelle Visionen und sind Grundlage verschiedener Therapieformen, die einander zuweilen entgegenlaufen.

Dieser Gegensatz ist ein Strukturelement, und zwar auch dann, wenn die Unterschiede nicht immer klar ersichtlich sind. Denn in der Praxis kann ein Therapeut, der den »im Symptom verborgenen Sinn« begreifen will, selbstverständlich Medikamente verschreiben; und ein Anhänger der *molekularen Therapie* kann seinerseits mit seinem Patienten reden und sich anhören, was dieser zu sagen hat und was er denkt. Das rechtfertigt jedoch nicht den gegenwärtigen Methodenwirrwarr in der psychotherapeutischen Praxis: Die einzelnen Therapeuten greifen auf alle möglichen verfügbaren Techniken zurück, als lägen diesen nicht unterschiedliche Konzeptionen zugrunde. Was auf den ersten Blick als vernünftige, antidogmatische Haltung erscheint (und bis zu einem gewissen Grad auch ist), spiegelt in Wahrheit einen Mangel an Kohärenz und Reflexion wider. Statt die Arbeit und Therapie zu erleichtern, trägt diese Haltung zu einem den Patienten und ihren Angehörigen nur allzu vertrauten Szenario bei. In ihm ist »alles möglich«, keiner legt sich fest ... Und das Ganze endet oft damit, dass die Patienten und ihre Angehörigen mit ihren Problemen allein gelassen werden, unsicherer und einsamer denn je.

Wir können von Glück reden, in einer — was unseren Berufsstand betrifft — nahezu ideologiefreien Epoche zu leben, in der es scheinbar nur darum geht, dass »seriöse Fachleute«

die Wirksamkeit verschiedener Behandlungsmöglichkeiten diskutieren. Aber vielleicht ist gerade das problematisch: Nur über Effizienz und Techniken zu sprechen erzeugt unweigerlich die Illusion, wir verfolgten, jenseits der jeweils angewandten Methode, mit unserer Arbeit alle das gleiche Ziel. Doch so einfach ist das, wie gesagt, keineswegs.

Eine Herausforderung für die »Spezialisten des Krisenmanagements«

Als »Krisenmanager« wollen wir vor allem verstehen, was es bedeutet, wenn eine Krise im Leben einer Person oder einer Familie nicht unvermittelt, wie ein Unglücksfall und eine Zäsur in einem stabilen Kontinuum, ausbricht. Denn die Krisen, mit denen wir heutzutage zu tun haben, treten in einer Gesellschaft auf, die — und das ist das Neue — selbst in einer Krise steckt. Anders gesagt: Was passiert, wenn die Krise nicht mehr die Ausnahme von der Regel, sondern in unserer Gesellschaft die Regel ist?

Die Krise in der Krise: Eben dies ist der zentrale Punkt, von dem wir ausgehen wollen, um die neuen Anforderungen zu verstehen und uns angemessene Reaktionen auf sie zu überlegen. Dabei sind wir als Spezialisten und als Mitbürger gleichermaßen gefordert.

Diese Krise in der Krise lässt sich mit einem einfachen Bild illustrieren: Die Situation der Patienten ist die gleiche wie die von Passagieren auf einem Schiff, das den Hafen verlassen hat und in einen plötzlichen Sturm geraten ist. Als Erstes muss der Arzt helfen, das Boot in ruhigere Gewässer und zum Hafen zurückzulenken. Nun glauben aber, um bei diesem Bild zu bleiben, die meisten unserer Mitmenschen heute, dass ihnen, auch wenn sie den Sturm überstanden haben, der Heimathafen abhanden gekommen sei. Wir befinden uns also in der irritierenden Situation, dass wir die Patienten, die eine Krise durchmachen, nicht mehr in den Hafen zurückbegleiten können, sondern uns damit begnügen müssen, sie in der Krise zu *stabilisieren*.

Auf diese Weise wird die Krise für unsere Gesellschaft und für jeden Einzelnen von uns gewissermaßen zum unüberschreitbaren Denkhorizont. Eben dieses Gefühl verspüren wir angesichts Tausender verzweifelter Kinder, Jugendlicher und Familien, bei denen wir nur eine Art Nothilfe leisten können, weil die Krise zum Normalzustand geworden ist. Uns ist bewusst, dass man darüber so wenig wie möglich, am besten gar nicht spricht. Ausgerüstet mit unseren Diplomen, sollen wir uns weiterhin wie zuverlässige Kapitäne verhalten, die stets wissen, wohin sie das Schiff steuern müssen.

Doch vielleicht können uns ethische Gründe, ein Bedürfnis nach Authentizität oder ganz einfach die Verpflichtung unseren Patienten gegenüber dazu bringen, wieder demütig dem Pfad des sokratischen Denkens zu folgen, eine Weisheit, die Quelle allen schöpferischen Denkens ist. Wir wollen also versuchen, nicht vor unserem *Nichtwissen* zurückzuschrecken, sondern unsere Grenzen zu erkennen. Nicht etwa, um die Menschen, die sich an uns wenden, im Stich zu lassen, sondern im Gegenteil, um dadurch zu bekräftigen, dass wir ein offenes Ohr für die gegenwärtigen Nöte haben.

Heutzutage irren — im wahrsten Sinn des Wortes — Tausende Jugendliche, begleitet von ihren Angehörigen, mit einer schweren Last an Leiden und pathologischen Symptomen von Einrichtung zu Einrichtung, von Sprechstunde zu Sprechstunde. Gewiss, sie treffen auf gute Ärzte und finden gut ausgestattete Beratungsstellen vor, doch weitaus schwieriger gestaltet es sich für sie, ihren tatsächlichen Bedürfnissen entsprechend aufgenommen zu werden. Gerade weil wir die Not dieser Familien ernst nehmen, möchten wir betonen, dass sie sich nicht täuschen, dass sie die Realität keineswegs verkennen. Und dass die Schwierigkeiten durchaus auch auf der Ebene der Beratung und Betreuung liegen, die sie sich erhoffen, um ihre psychischen und existenziellen Probleme bewältigen zu können.

Als Ärzte wissen wir nur allzu gut, wie sehr Zweifel an der eigenen Wahrnehmung der Welt Ängste verursachen oder gar krank machen können. Es kann daher durchaus von therapeutischem Nutzen sein, dass wir unsere Probleme zunächst eingestehen, da dies den Familien hilft, nicht an ihrer Fähigkeit zu zweifeln, angemessene Hilfe, einen qualifizierten Beratungsdienst oder einen guten Therapeuten zu finden. Tatsächlich treffen wir immer wieder auf Familien, die nicht nur unter der Krankheit eines Angehörigen leiden, sondern denen auch die Vorstellung große Angst macht, sie schafften es nicht, ihr Problem in den Griff zu bekommen, sie seien keine »richtige« Familie und deshalb letztlich selbst schuld, wenn sie keine gute Lösung finden.

Aus all diesen Gründen erscheint es uns wichtig und konstruktiv, unsere Hilflosigkeit, ja, unser Befremden angesichts dieser Krise der Gesellschaft zu bekennen, die unangemeldet bis in unsere Sprechstunden vordringt, ohne dass wir ihr etwas entgegenzusetzen hätten.

Wir wollen dieses Vorwort mit einem »Hinweis für den geneigten Leser« beschließen: Wir sind weder Optimisten noch Pessimisten, sondern ordnen uns vielmehr in eine ganz andere Kategorie ein, in die der kritischen Reflexion. Wir wollen den Bereich der psychologischen Tätigkeit analysieren und richten unser Augenmerk dabei auf unsere Grenzen und Schwächen, auf die Probleme, denen wir uns bei unserer täglichen Arbeit gegenübersehen … Wie Antonio Gramsci es so treffend formulierte: Man muss sich darauf verstehen, den Optimismus des Willens mit dem Pessimismus der Vernunft zu verbinden … In diesem Geiste wollen wir angesichts des um sich greifenden Unbehagens eine praktische Methode entwickeln, die von Hoffnung und Freude geprägt ist.

1 Die Krise in der Krise

Die individuelle, psychische Krise wäre also innerhalb einer allgemeinen Krise angesiedelt. Aber wie sieht diese umfassende Krise der Gesellschaft und der Kultur aus, die den Rahmen für persönliche und familiäre Krisen abgibt?

Sicher, Philosophen, Anthropologen und Soziologen beschäftigen sich mit ihr und analysieren sie. Auch wir haben Überlegungen zu diesem Thema von einem historisch-philosophischen Standpunkt aus zu vertiefen versucht.[1] Folgt man Michel Foucault, könnte man sagen, die Ära des Menschen ist an ihrem Endpunkt angelangt. Ebenso gut könnten wir vom Ende der Moderne oder vom Scheitern des teleologischen Historismus sprechen. Der Terminus steht für das Ende des Glaubens, auf den sich unsere Zivilisation gründete und in dem die große Hoffnung auf eine unweigerlich bessere Zukunft zum Ausdruck kam, eine Art Heilserwartung durch wissenschaftlichen Fortschritt, der gewissermaßen das Gelobte Land verhieß.

Zweifelsohne ist diese Krise unserer Kultur schon auf vielerlei Nenner gebracht worden. Zugleich versuchen zahlreiche Autoren zu definieren, was im Kern dahintersteckt und was unsere Kultur dabei aufgibt oder in Frage stellt. Allerdings sind wir zu sehr Kinder dieser Zeit, um genau bestimmen zu können, welche Neuheiten sie hervorbringen wird und welche Vor- und Nachteile damit verbunden sind.

Die Umwertung der Zukunft

So schlüssig solche Konzepte auch sein mögen: dass sie konkrete Auswirkungen auf das Leben unserer Mitbürger haben könnten, ist schwer vorstellbar. Eben diese Aufgabe haben wir uns im vorliegenden Buch gestellt: die Krise ganz konkret zu identifizieren, zu begreifen, wie etwas, das sich offenbar außerhalb unseres Lebens abspielt, so entscheidend in unseren Alltag hineinwirkt. Wie materialisiert es sich in Geist und Körper? Denn tatsächlich vollzieht es sich von uns unbemerkt im Alleralltäglichsten, Unbewussten, Banalen. Kommt das, was »mit uns geschieht«, was uns leiden lässt und was uns aufbaut, nicht in den meisten Fällen — zumindest teilweise — von außen?

Um diese Frage zu beantworten, wollen wir einem Kriterium folgen, das unserer Ansicht nach von zentraler Bedeutung ist und das uns die von außen nach innen wirkende Krise auf Anhieb begreifen lässt: die Art und Weise, wie der Mensch von heute seine Zeit, Zeit schlechthin erlebt und wahrnimmt. Diese Wahrnehmung ist in hohem Maße davon geprägt, dass die Zukunft anders besetzt wird oder, abstrakter formuliert: *Signifikant und Signifikat stimmen nicht mehr überein.*

Das mag absurd klingen, trifft aber dennoch zu. In unserer Epoche hat sich in der westlichen Zivilisation ein Wandel vollzogen: von einem maßlosen Vertrauen in die Zukunft zu einem fast ebenso übertriebenen Misstrauen. Aber handelt es sich überhaupt um die gleiche Zukunft? Mit Sicherheit nicht. Zukunft ist nicht einfach, was morgen oder übermorgen geschehen wird. Sie ist vielmehr das, was uns von der Gegenwart trennt und uns andererseits eine Perspektive, eine Denkweise eröffnet oder eine Projektion ermöglicht ... Kurz gesagt, die Zukunft ist vor allem eine Vorstellung.

Wir wollen diesen Zusammenhang anhand eines einfachen Beispiels veranschaulichen. Vor kaum vierzig Jahren glaubten alle, früher oder später könnten wir schwere Krankheiten wie Krebs heilen. Wir waren felsenfest davon überzeugt, irgendwann »die Naturgesetze zu durchschauen«, um das, was uns als nicht gelungen erschien, alsbald zu ändern. Was man über Krankheiten nicht wusste, wurde in der Biologie als *noch unbekannt* geführt ... Das kleine Wörtchen »noch« barg die Hoffnung auf den Durchbruch, der uns der Erkenntnis näher bringen würde. Dasselbe galt für Probleme wie soziale Ungerechtigkeit, Bildungsdefizite und anderes mehr.

Der Aufbau unserer gesamten westlichen Kultur war auf die Eroberung dieses mit messianischen Verheißungen beladenen »noch nicht« ausgerichtet. Denken wir nur an Johannes Kepler, der Gott mit dem Menschen verglich und im Wesentlichen behauptete, Gott habe von Urbeginn an alle Theoreme, alle Naturgesetze gekannt; der Mensch hingegen kenne nicht alle ... noch nicht. Das bedeutete schlicht und einfach, dass der Mensch ein Entwurf war, der gerade verwirklicht wurde, dass er Ganzheit anstrebte, ein absolutes Wissen, über das bislang einzig und allein Gott verfügt hatte. »Von Gleich zu Gleich mit dem Schöpfer reden«, das war die subversive Idee Keplers. Das hieß, die Menschheit hatte den Babylonischen Turm der Moderne noch nicht fertig gebaut, doch diesmal musste es gelingen.

Die Zukunft war damals nichts anderes als die Metapher für eine Heilserfüllung. In unserer westlichen Kultur war Zukunft nicht nur gleichbedeutend mit dem kommenden Tag, den kommenden Jahren ... Nein, in Wirklichkeit ging es um ein Versprechen der Menschheit an sich selbst: sich selbst der Messias, der Erlöser zu sein. So klang Zukunft nach Verheißung, *war* Verheißung. In den medizinischen Fakultäten des 19. Jahrhunderts beispielsweise keimte kaum verhohlen die Hoffnung auf, man werde einst den Tod besiegen, und zwar mit Fug und Recht.

Auguste Comte erklärte, man müsse etwas kennen, es klar und durchschaubar machen, um es besser verändern zu können. Damit griff er die Aussage seines politischen Gegners, eines gewissen – heute ein wenig in Vergessenheit geratenen – Karl Marx auf. Dieser hatte geschrieben, jetzt gelte es, das Wissen mit der Notwendigkeit, die Welt zu verändern, in Übereinstimmung zu bringen. Daraufhin meldete sich ein ebenfalls berühmter Pessimist kritisch zu Wort: Der jüdisch-österreichische Arzt Sigmund Freud versah den Glauben an den Fortschritt der Menschheit mit einem Mollzeichen. In der Tat schrieb Freud in genau dem Augenblick, als Wissenschaft, Politik und Philosophie dem Menschen sein selbst geschmiedetes Glück in Aussicht stellten, dass »die Aufgabe der Leidvermeidung die der Lustgewinnung in den Hintergrund [dränge]«.[2] Heute müssen wir infolge des gescheiterten Optimismus nicht nur ohne Verheißung auskommen, sondern, schlimmer noch, mit dem Gefühl leben, wir seien selbst der »Leidvermeidung« nicht gewachsen.

Die Zukunftsträume im Westen beruhen auf dem Glauben, die Menschheitsgeschichte sei *zwangsläufig* eine Geschichte des Fortschritts. Hier tritt das Paradox der herrschenden Ideologien deutlich zutage: Die hinsichtlich der *Fortschrittsgläubigkeit* zutiefst kritischen Theorien Sigmund Freuds wurden damals nichtsdestoweniger als weiterer Fortschritt verbucht. Heute sind sich unsere Mitbürger einig, dass die Zukunftsaussichten längst kein Grund zum Jubeln mehr sind ... Umweltverschmutzung auf allen Ebenen, soziale Ungleichheit, wirtschaftliche Katastrophen, neuartige Krankheiten: Die lange Liste drohender Gefahren hat bewirkt, dass die Bewertung der Zukunft vom absoluten Positivum in ein ebenso extremes Negativum umgeschlagen ist.

Die Zukunft, die Vorstellung von Zukunft ist diametral anders besetzt; schierer Optimismus schlägt in reinen Pessimismus um, die Verheißung wird zur Bedrohung. Wohlgemerkt, das Wissen ist in geradezu unglaublichem Maße angewachsen, doch da es das Leiden der Menschheit nicht aus der Welt schaffen konnte, ist es zum Nährboden für die allgegenwärtige Ausweglosigkeit und Untergangsstimmung geworden. Ein teuflisches Paradox: Die Technikwissenschaften häufen immer mehr Wissen über die Wirklichkeit an und lassen uns gleichzeitig in einer völlig anders gearteten, erschreckenden Unwissenheit versinken, die uns der Fähigkeit beraubt, Schicksalsschlägen und drohenden Gefahren die Stirn zu bieten.

Eine Epoche der Ausweglosigkeit

Um es noch deutlicher zu sagen: Wir leben in einer Zeit, die von dem beherrscht wird, was Spinoza *tristitia* nannte. Darunter verstand er nicht die Traurigkeit, die sich in Tränen äußert, sondern Ohnmacht und Zerfall. In der Tat sehen wir einerseits den Fortschritt in den Wissenschaften, erleben gleichzeitig jedoch, dass er mit einem Vertrauensverlust und Enttäuschungen einhergeht, weil eben diese Wissenschaften den Menschen offenbar nicht mehr zwangsläufig glücklicher machen. Erklären lässt sich dieses Paradox aus der bereits erwähnten Preisgabe des messianischen Glaubens. Dessen Verheißungen bezogen sich nicht nur auf quantitatives Wachstum, vielmehr sollte die Wissenschaft »Licht in das Dunkel der Ungewissheit bringen«. Als Grundprinzip dieses wissenschaftsgläubigen Positivismus galt, dass alles rational und anhand von Analysen vorhersagbar sei: Der Mensch sollte in der Lage sein, alles zu wissen, sein Wissen sollte »Licht ohne Schatten« sein, und überhaupt sollte er alles vorhersehen können, was möglicherweise geschehen könnte, um dann genau zu entscheiden, auf welches Ziel sein Leben und die ganze Gesellschaft auszurichten seien.

Dahinter stand die Hoffnung auf ein allumfassendes Wissen, mit dessen Hilfe der Mensch die Gesetzmäßigkeiten der Wirklichkeit und die Naturgesetze entschlüsseln könnte, um sie zu beherrschen. *Frei ist, wer Macht hat* (über die Natur, die Wirklichkeit, seinen Körper, die Zeit) – das war das Grundprinzip der positivistischen Wissenschaftsgläubigkeit. Wenn das Universum in der Sprache der Mathematik geschrieben ist, wie Galileo Galilei behauptete, müsste das immer umfassendere Wissen uns die Übersetzung dafür an die Hand geben; die Wissenschaft wäre dann der Champollion der Realität: So wie Champollion die Hieroglyphen entzifferte, müsste sie in der Lage sein, die Natur zu »lesen«. In dieser

Hinsicht hat die Verheißung sich nicht erfüllt: Die Anhäufung von Wissen hat uns keineswegs ein Universum einer deterministischen und allmächtigen Erkenntnis erschlossen, mit deren Hilfe wir die Natur und die Zukunft unter Kontrolle gebracht hätten, ganz im Gegenteil: Das 20. Jahrhundert besiegelte das Ende des positivistischen Ideals und stürzte die Menschen in eine sehr reale *Ungewissheit*.

Diese Ungewissheit bedeutet allerdings keine Niederlage der Vernunft. Entgegen der Auffassung vieler unserer Zeitgenossen, die irrationalen Methoden zuneigen, ist diese fortdauernde *Ungewissheit*, das Unbekannte, welches das Versprechen des Szientismus hinfällig macht, unserer Ansicht nach keineswegs gleichbedeutend mit einem Scheitern. Sie ermöglicht im Gegenteil die Entwicklung vielfältiger nichtdeterministischer Denkansätze. Mit anderen Worten: Die Tatsache, dass Determinismus und Szientismus von ihrem Sockel gestürzt wurden, impliziert keineswegs, dass auch die Rationalität, die sie für sich vereinnahmt hatten, gescheitert wäre.

Hinsichtlich der Hoffnungen jedoch, die der Szientismus geweckt hatte, müssen wir notgedrungen feststellen, dass die Entwicklung allenthalben Verunsicherung und Ausweglosigkeit hervorgerufen hat. Eine – und zwar durchaus nicht unwichtige – Gewissheit bleibt uns allerdings: Es ist möglich, diese Ausweglosigkeit zu überwinden. Diese Gewissheit hat uns bei den nachstehenden Hypothesen zur Arbeit in der Psychiatrie geleitet. Wir sind überzeugt, dass der heute vorherrschende Pessimismus mindestens genauso übertrieben ist wie der Optimismus von gestern. Mehr noch – und das gilt vor allem für praktizierende und daher eher praktisch orientierte Ärzte –, Pessimismus wie auch Optimismus sind zu passive, zu imaginäre Kategorien. Wie die Zukunft aussehen wird, hängt zu einem Gutteil davon ab, was wir aus der Gegenwart machen.

Die Sinnfrage

Krise in der Krise: Es hat also den Anschein, dass unsere Epoche vom Mythos der Allmacht, mit dessen Hilfe der Mensch Geschichte konstruiert hat, zu einem anderen, analogen Mythos übergegangen ist, dem der vollkommenen Ohnmacht angesichts der Komplexität der Welt. Fortan verfestigt sich die Vorstellung, dass der Mensch nichts vermag, außer sich der irrationalen Macht der Geschichte zu unterwerfen. Für uns stellt sich die Frage jedoch ganz anders: Gewiss, der Mensch macht die Geschichte nicht, doch was kann er im Rahmen der Geschichte machen?

Große Geschichte und persönliche Geschichten, Familien- und Gesellschaftsgeschichten sind keineswegs in sich abgeschlossene, autonome Dimensionen, sondern überlagern sich unablässig, sodass sich Schnittmengen und Singularitäten ergeben. Wie schon Husserl 1930 schrieb: »In unserer Lebensnot – so hören wir – hat diese Wissenschaft uns nichts zu sagen. Gerade die Fragen schließt sie prinzipiell aus, die für den in unseren unseligen Zeiten den schicksalvollsten Umwälzungen preisgegebenen Menschen die brennenden sind: die Fragen nach Sinn oder Sinnlosigkeit dieses ganzen menschlichen Daseins.«[3]

In der Tat, auch wenn die Technikwissenschaften sich unaufhörlich weiterentwickeln, bleibt die Zukunft so unvorhersehbar wie eh und je, und dies scheint die Menschheit heute einer Machtlosigkeit auf allen Ebenen auszuliefern. Es ist, als kenne die Ausweitung der Technik keine Grenzen, als gäbe es keinerlei Überlegung, sie wenn schon nicht zu begrenzen, so doch in eine bestimmte Richtung zu lenken. Die Tatsache, dass alles technisch Machbare auch gemacht wird, was beträchtliche Auswirkungen auf das Individuum wie auch auf die Gesellschaft hat, lässt unsere Mitmenschen keineswegs gleichgültig und ist sogar eine verbreitete Ursache der Angst, wenn sie auch gedanklich nicht immer in dieser Form präsent ist.

Diese Krise trifft uns mit voller Wucht und äußert sich in einer Vielzahl alltäglicher Gewaltakte. Was wir das »Aufbegehren gegen Bindungen« nennen, ist bezeichnend für die Unfähigkeit, Ideen zu entwickeln, die uns aus der Krise und ihrer logischen Folge, einem Leben im Ausnahmezustand, heraushelfen könnten. Diese Unfähigkeit löst eine Reihe ununterdrückbarer Handlungsimpulse aus. Allen, insbesondere aber jungen Menschen wird die Welt im wahrsten Sinn des Wortes unbegreiflich. Es ist nicht weiter erstaunlich, dass sich im Schatten dieser Ohnmacht eine Vorliebe für Videospiele herausgebildet hat, bei denen jeder Jugendliche in einer Art von informationellem Autismus durch einsame Kämpfe gegen irreale Mächte und Gestalten zum Herrscher der Welt wird: ein Weg, der ins Nichts führt. Wenn alles *möglich* scheint, ist nichts mehr *wirklich*. Im Rahmen dieser virtuellen Allmacht geben die heutigen Gesellschaften offenbar das Denken preis.

Als praktizierende Ärzte wollen wir uns Gedanken über

dieses neuartige Unbehagen, diese Quelle des Leidens machen. Unserer Ansicht nach gehen wir damit nicht etwa vom Eigentlichen weg zum Abstrakten; vielmehr erachten wir dieses Nachdenken als notwendig, um zu erkennen, was in unseren Sprechstunden und im Alltag ganz konkret abläuft. Wir müssen uns mit dem Neuartigen unserer Zeit auseinandersetzen, um zu verstehen, worüber unsere Patienten und deren Angehörige klagen, wenn sie uns gegenübersitzen.

Aus diesem Blickwinkel müssen wir uns bewusst machen, dass unsere Welt paradoxerweise zum ersten Mal eine Gesellschaft ohne Wissen hervorbringt. Die Beziehung jedes Einzelnen zu den Technikwissenschaften, die unseren Alltag durchdringen, ist in Wirklichkeit eine Beziehung absoluter Äußerlichkeit. Zwar verfügte auch früher jede Gesellschaft über bestimmte Techniken, doch ihre Mitglieder behielten in der Mehrzahl eine, wie man es nennen könnte, *intime Beziehung* zu ihnen bei: Über die offenkundige Arbeitsteilung hinaus bildeten diese Techniken keineswegs eine *autonome Kombinatorik*; sie funktionierten nicht nach einer eigenständigen, von jeglichen persönlichen oder gesellschaftlich-kulturell geprägten Überlegungen unabhängigen Logik, ohne jeden Bezug also zu den Belangen der Menschen.

Auch heute ist unsere Gesellschaft im Besitz solcher Techniken, doch ist sie erstmals regelrecht von ihnen besessen. Wir verstehen uns nur noch darauf, bestimmte Knöpfe zu drücken, haben im Allgemeinen aber keine Ahnung, welche Mechanismen dadurch ausgelöst werden. Unweigerlich schafft diese historische Realität auf der subjektiven Ebene ein Gefühl der Entfremdung, der Äußerlichkeit, was die Welt um einen herum angeht. Die Welt und die Mitmenschen werden *benutzbar*, und die jungen Leute werden permanent mit Werbebotschaften bombardiert, die sie dazu auffordern, ihre Umwelt auszubeuten.

Tag für Tag leben wir in diesem Zwiespalt: Einerseits träumen wir von der »großen Wissenschaft«, denn sie liefert uns technische Hilfsmittel und sorgt so für einen gewissen Komfort. Andererseits aber leiden wir an unserer Unwissenheit, an unserer Ahnungslosigkeit, wie diese »sagenhafte Welt der Aufklärung« funktioniert, die unaufhörlich Unklarheit und Ungewissheit darüber erzeugt, wie sie sich steuern und unter Kontrolle bringen lässt.

2 Die Autoritätskrise

Die eben geschilderte globale Krise und die therapeutische
Arbeit, soweit sie die *Krise in der Krise* betrifft, konfrontieren
uns täglich mit einem der charakteristischen Symptome unserer Zeit: mit der Infragestellung des Autoritätsprinzips. Bei
unserer Arbeit haben wir es immer wieder damit zu tun; es
zeigt sich in unserem beruflichen (und privaten) Aufgaben-
bereich, denn es legt die Krise der Prinzipien offen, die den
Beziehungen zwischen Erwachsenen und jungen Menschen
zugrunde liegen. All diese Prinzipien, die es dem Erwachsenen ermöglichen, einen Jugendlichen zu erziehen und zu be-
schützen, sind heute ernstlich in Frage gestellt. In einer Gesellschaft, die Angst vor der Zukunft hat, können wir nicht
mehr auf die gleiche Weise Menschen erziehen und betreu-
en wie in einer Gesellschaft, die an die Zukunft glaubt.

Die Gefahr autoritären Verhaltens

Die Klagen, die uns in unserer Praxis erreichen, kommen aus
Wohnvierteln und Kommunen ebenso wie aus Schulen und
Familien. Sie zeugen von einem Leiden, das mit der Aufwei-
chung, um nicht zu sagen, Aufhebung des Autoritätsprinzips
zusammenhängt. In Grund- und weiterführenden Schulen ist
der Lehrer bzw. Erzieher für die Jugendlichen offenbar kei-

ne Respektsperson mehr; das Verhältnis zum Erwachsenen wird vielmehr als gleichberechtigt oder *symmetrisch* wahrgenommen. Symmetrisch in dem Sinn, dass der Unterschied nicht mehr gegeben ist, der von Haus aus Autorität herstellen, Sinn stiften und die Voraussetzungen für ein angemessenes Verhältnis zueinander schaffen könnte.

In einem symmetrischen Verhältnis gehen zwei Personen eine Art vertraglicher Beziehung ein: Nichts ist vorgegeben, es zählt nur die Beziehung als solche. Unter dieser Voraussetzung ist es für Eltern und Erzieher schwierig, ihre Rolle wahrzunehmen, da sie im Namen des Prinzips der individuellen Freiheit scheinbar verpflichtet sind, ihr Verhalten dem Jugendlichen gegenüber zu rechtfertigen. Dieser akzeptiert auf gleichberechtigter Basis, was ihm abverlangt wird – oder eben nicht.

Die Eltern-Kind-Symmetrie führt gelegentlich dazu, dass die tatsächlichen Bedürfnisse des Kindes, wie sie seinem jeweiligen Alter entsprechen, seine eigene Wirklichkeit also, nicht erkannt werden. So kommen immer häufiger Eltern von Kindern im Alter von zwei bis vier Jahren in die Beratungsstellen, weil sie mit ihren Kleinen, die sie als tyrannisch, wild und unbezähmbar beschreiben, nicht zurechtkommen. Sie wundern sich, dass sie ihr Kind mit rationalen Argumenten nicht dazu bewegen können, sozusagen vertragsgemäß den erzieherischen Einschränkungen, die sie ihm auferlegen wollen, doch bitte schön zuzustimmen. Sie behandeln das Kind als Entsprechung ihrer selbst, als Gleichgestellten, den sie überzeugen und mit dem sie sich um jeden Preis einvernehmlich einigen müssen. Wenn es Eltern schwerfällt, Autorität in einer Weise auszuüben, die Sicherheit und Halt vermittelt, lassen sie das Kind mit seinen Trieben und der daraus resultierenden Angst allein. Die Folge ist ein angstgeprägtes Eltern-Kind-Verhältnis, das aus dem Familienleben ein endloses Psychodrama macht – umso mehr, als zu der aktuellen Angst noch die Sorge um die Zukunft kommt: Wie wird es erst werden, wenn das Kind älter ist?

Die Krise des Autoritätsprinzips stellt paradoxerweise autoritäres Verhalten durchaus nicht in Frage. Ganz im Gegenteil, diese Krise fordert heutzutage zu jeder Art autoritären Gutdünkens förmlich auf. Eine Gesellschaft, in der Autorität nicht mehr richtig funktioniert, läutet keineswegs eine Ära der Freiheit ein, sondern gleitet ab in eine Phase der Willkür und Konfusion.

Denn sie schwankt fortwährend zwischen zwei Versuchungen hin und her: der Versuchung, Zwang auszuüben, und der, zu verführen. So probieren viele Lehrer, das Interesse ihrer Schüler mit irgendwelchen Verführungstechniken oder »Tricks« zu wecken, denn eine Botschaft wie »Du musst auf mich hören und mich respektieren, und zwar ganz einfach, weil ich für die Beziehung zwischen uns *verantwortlich* bin« scheint jetzt unzulässig. Im Namen der vorgeblichen individuellen Freiheit übernimmt der Schüler oder Jugendliche die Rolle eines Kunden, der das, was der Erwachsene ihm »verkaufen« will, anbietet, annimmt oder auch nicht. Und wenn diese Strategie nicht funktioniert, bleibt als einziger Ausweg Zwang, nackte Gewalt.

In Wirklichkeit sind beide Möglichkeiten nur zwei Varianten autoritären Verhaltens, zu dem eine symmetrische Beziehung zwischen Jugendlichen und Erwachsenen unweigerlich führt. Unter diesen Voraussetzungen ist es nicht weiter überraschend, dass schließlich Gewalt ausgeübt wird, denn die Beziehung kann im Grunde nur auf einem simplen Kräfteverhältnis beruhen (selbst wenn es um Verführungs- und Überzeugungskraft geht). Autoritäres Verhalten beruht eben nicht auf dem Prinzip, dass einer »im Namen des Gesetzes« handelt (eines Gesetzes, das uns gerade dadurch schützt, dass sich ihm alle unterwerfen). Autoritäres Verhalten heißt vielmehr, dass einer nur aufgrund seiner Stärke zur Autoritätsperson wird und sie allein die Grundlage für die Beziehung ist und deren Funktionieren garantiert.

Das Autoritätsprinzip zeichnet sich hingegen dadurch aus, dass es eine Art gemeinsamer Grundlage für die beiden Beteiligten darstellt. Auf dieser gemeinsamen Grundlage ist klar, dass der eine Autorität ausübt und der andere gehorcht. Gleichzeitig steht jedoch fest, dass *beide* dem gemeinsamen Prinzip gehorchen, das der Beziehung zugrunde liegt und ihr sozusagen den äußeren Rahmen gibt. Das Autoritätsprinzip beruht also auf einem gemeinsamen *Gut*, einem allen Beteiligten gemeinsamen Ziel: Ich gehorche dir, weil du für mich die Aufforderung verkörperst, dieses gemeinsame Ziel anzustreben, und weil ich weiß, dass dein Gehorsam dich zu dem Erwachsenen gemacht hat, der du heute bist, so wie ich morgen erwachsen sein werde in einer Gesellschaft, deren Zukunft gesichert ist.

Heute ist diese Zukunft alles andere als gesichert. Und wenn der Jugendliche wissen will, warum er gehorchen soll, sind die meisten Erwachsenen nicht in der Lage, klar und deutlich zu sagen: »Weil ich dein Vater bin ... Weil ich dein Lehrer bin ...« Wenn der Jugendliche weder verführt noch gezwungen wird, sieht er keinerlei Grund dafür, dem anderen

zu gehorchen, jenem gleichgestellten anderen, der so tut, als
gebühre ihm Respekt ... Mit welchem Recht eigentlich?

Genau diese Frage bringt die Autoritätsproblematik auf
den Punkt: Nach welchem gemeinsamen Prinzip akzeptieren
beide Seiten in einer konkreten Situation eine Autoritäts- oder
hierarchische Beziehung, in der nicht eine Seite irgendwann
in autoritäres Verhalten verfällt? Wenn wir von einer Krise
sprechen, geht es um die Krise eben dieser Beziehung.

Das Ende des Prinzips vorgegebener Autorität

Die Verwirrung ist allein schon deswegen so groß, weil jegliche Ablehnung etablierter Autorität und gesellschaftlicher
Hierarchien *a priori* als Voraussetzung für Emanzipation und
Freiheit gilt. Die Befreiungskriege in den Kolonien, die
feministische Emanzipationsbewegung, der Kampf für die
Bürgerrechte von Minderheiten, aber auch die Studenten-
proteste im Mai 1968 in Frankreich und anderen Ländern –
entstanden sie nicht jedesmal aus einer berechtigten, mit entsprechenden Forderungen untermauerten Ablehnung von
Autorität heraus?

Zweifellos. Nur hat die Infragestellung der Autorität, die
uns hier beschäftigt, nichts mit den Emanzipationsbewegun-
gen zu tun, die für Gerechtigkeit eintreten. Es handelt sich
im Gegenteil um eine typische Tendenz in unseren Gesellschaften, in denen sich im Namen des Primats, den der Neoliberalismus dem reinen Konsumverkehr einräumt, ein
grenzenloser Individualismus Bahn bricht. Solidarität gleich
welcher Art wird hier nicht mehr als positiv empfunden, denn

diese *utilitaristische* Sichtweise lässt die Menschheit als eine Reihe isolierter Einzelwesen erscheinen, die in erster Linie vertragsartige, von Konkurrenz geprägte Beziehungen zueinander unterhalten; Wahlverwandtschaften, Solidarität innerhalb der Familie und sonstige Bindungen geraten ins Hintertreffen.

Die Leitwerte unserer Kultur haben sich also gewandelt. In einer der Idee des *Individuums* verpflichteten Gesellschaft werden Autorität und Hierarchie nur dann akzeptiert, wenn sie sich auf Erfolg und persönlicher Macht gründen, die sich ihrerseits nach den Maßstäben der Warenwelt bemessen. Zwischenmenschliche Beziehungen werden nach Kriterien der Nützlichkeit – im Sinne von Profit und Macht – bewertet. Ohne dass wir uns dessen wirklich bewusst geworden wären, wurde also das Autoritätsprinzip in unserer Gesellschaft nicht nur abgeschafft, sondern durch ein anderes, auf Zukunftsängsten beruhendes Prinzip ersetzt.

Sicher, die Grundlagen des Autoritätsprinzips verändern sich in jeder Kultur im Lauf der Zeit. Doch unabhängig davon liegt ihm eine unveränderliche Struktur zugrunde. Dieses universelle Prinzip funktioniert, wie die Ethnologin Françoise Héritier erklärt[4], auf dem Zusammenspiel von *Autorität* und *Vorzeitigkeit*: Die *Vorzeitigkeit* – das also, was der junge Mensch vorfindet – begründet von sich aus Autorität. Dieses *Vorgegebene* steht jedoch nicht etwa deswegen für Autorität, weil der Erwachsene besondere persönliche Qualitäten hätte, sondern weil er die Überlieferung und den Fortbestand der Kultur verkörpert: Wenn es so war und wenn es jetzt so ist, dann wird es auch in Zukunft so sein. Dieses Prinzip von *vorgegebener Autorität* schließt Neues und Veränderung keineswegs aus; es gibt lediglich vor, dass sich Entwicklung durch Überlieferung und gemeinschaftliche Verantwortung vollzieht und so das Überleben der Gemeinschaft gewährleistet.

Heute aber stellen die Alten für viele keine Autorität mehr dar, und auch die kulturelle Überlieferung erfolgt nicht mehr über sie. Anscheinend ist es ihnen nicht gelungen, den nachfolgenden Generationen die Vorstellung von einer lebenswerten Welt und Zukunft zu vermitteln. Und das mit gutem Grund … Millionen Jugendliche erleben nicht, dass ihre Eltern morgens aufstehen, um zur Arbeit zu gehen; sie leben unter dem Dauerbeschuss der Werbung, die eine Welt preist, in der Besitz das Einzige ist, was zählt. Seit den Siebzigerjahren, als die Krise einsetzte, haben nun zwei oder drei Generationen den von uns beschriebenen historischen Bruch miterlebt, eine *Umwertung der Zukunft*, den Übergang von der *Zukunftsverheißung* zur *Zukunftsbedrohung*.

In den Augen ihrer Kinder stehen die Generationen der Krise, die Erwachsenen von heute also, weder für Dauerhaftigkeit noch für die Hoffnung auf die Zukunft. Sie verkörpern im Gegenteil das Bild einer gescheiterten Generation: Das durch die Krise hervorgerufene Gefühl von Beklemmung und Angst geht mit der Infragestellung der Erwachsenen einher.

Ratlose Erwachsene und Jugendliche, die sich bedroht fühlen

Auch wenn man über diese Krise nicht weiter nachdenkt, ja, sich ihrer nicht einmal bewusst ist, wird man dennoch von ihr beeinflusst. Als reale Gegebenheit bildet sie den Hintergrund, vor dem sich die individuellen und familiären Wirklichkeiten abspielen, eine Art *existenzielle Atmosphäre*.

Natürlich kommt niemand in unsere Sprechstunde und erklärt: »Guten Tag, Herr Doktor, ich leide ungemein unter dem historischen Umbruch, den wir gerade erleben ...« Andererseits wenden sich täglich Lehrer an uns, die nicht wissen, wie sie sich beispielsweise gegen die zunehmende Gewalt wappnen sollen. Gelegentlich haben wir es mit der paradoxen Situation einer Lehrerin zu tun, die beschlossen hat, weiter an einer sogenannten »Problemschule« zu unterrichten, und nun berichtet, einer der Jugendlichen, ein Einwandererkind, habe sie geschlagen. Sie ist nicht nur verstört infolge des Gewaltakts, sondern hat auch noch damit zu kämpfen, dass die Gewalt ausgerechnet von jemandem ausging, dem sie helfen wollte. Wie groß also muss das Entsetzen der antirassistischen und progressiven Lehrkraft Müller sein, wenn Schüler Mohamed ihr ihre Bemühungen nicht nur nicht dankt, sondern ihr darüber hinaus noch einen Faustschlag ins Gesicht versetzt ...

Das Beispiel mag übertrieben scheinen, doch das ist es keineswegs; es ist nur ein schwacher Widerschein der täglichen Auswirkungen der Krise. Anstelle der Lehrerin könnte man auch an einen Jugendrichter denken, der, von humanistischem Geist erfüllt, eine Verurteilung vermeiden will. Oder an einen fortschrittlich gesinnten Polizeibeamten, der versucht, sich in die jugendlichen Täter hineinzuversetzen, weil er überzeugt ist, dass reine Repression noch mehr Kriminalität zur Folge hat – und indirekt denjenigen Recht gibt, die ihre Befriedigung in Provokation und Gewalt suchen.

Solche sehr konkreten Situationen machen den Alltag in

der Schule, im Viertel und in den Familien immer unerträglicher. Je häufiger es dazu kommt, desto mehr Zulauf verzeichnen wir in unseren Beratungsstellen, da die einzelnen Beteiligten zweifellos psychisch leiden. Vor allem sind sie überzeugt, dass die ihnen unbegreiflichen Probleme einer »anderen«, nämlich psychologischen Dimension zuzurechnen sind. Das kommt beispielsweise in den häufigen Klagen der Lehrer darüber zum Ausdruck, dass sie nicht mehr unterrichten können, sondern die (unmögliche) Aufgabe übernehmen müssen, die Jugendlichen zu *erziehen*. Mit anderen Worten, dass die Schule in zunehmendem Maß das leisten soll, was in den Familien nicht mehr geleistet wird, und die Lehrer in die Rolle von Psychologen gedrängt werden.

Wie sollen wir Psychotherapeuten auf diese neuen Herausforderungen, auf die Hilflosigkeit und das Leiden reagieren, die von der zunehmenden Gewaltbereitschaft und der strukturellen Krise der Autorität herrühren? Entscheidend ist immer die Frage, ob man es mit einem pathologischen Fall zu tun hat oder ob man auch andere Faktoren mit einbeziehen muss, die sich nicht auf psychische Ursachen zurückführen lassen. Mehr über diese Ursachen zu wissen macht uns nicht notwendigerweise hilflos im Umgang mit der jeweiligen Situation, sondern ermöglicht uns vielmehr, angemessen darauf zu reagieren. Ohne den Eindruck zu erwecken, wir seien als Psychotherapeuten in der Lage, Probleme zu lösen, die weit über unsere Zuständigkeit hinausgehen.

Ich möchte daher etwas näher auf diese komplexe Realität eingehen, wie sie die leider nicht rein imaginäre Situation der attackierten Lehrerin verdeutlicht. Eine Situation, die, nebenbei bemerkt, zur Folge hat, dass mindestens zwei

Personen, nämlich der Jugendliche und die Lehrerin, unter Umständen aber auch weitere, kurzfristig einen Psychologen konsultieren.

Da wäre einerseits die Lehrerin, die in einem bestimmten Bezugssystem denkt und handelt: Sie versucht, mittels Erziehung den Jugendlichen zu helfen, für die sie verantwortlich ist. Gleichzeitig lebt jedoch auch sie in dieser von der Krise geprägten Welt und stellt sogar selbst Autorität infrage. Sie weiß also, dass sie, anders wahrscheinlich als die Lehrergenerationen vor ihr, ihren Schülern keine vielversprechende Zukunft in Aussicht stellen kann.

Ihr gegenüber steht der junge Mohamed mit seinem gänzlich anderen Bezugssystem. Die Wirklichkeit stellt sich ihm sehr konkret dar. Zum Beispiel weiß er genau – wie wir alle –, dass man heute nur einen Stadtplan konsultieren muss, um mit minimaler Fehlerquote für jedes Viertel vorauszusagen, wie viele Arbeitslose es dort geben wird, wie viele Jugendliche ohne Schulabschluss dastehen und wie viele ins Gefängnis wandern werden. Dass diese »Statistik« nur eine minimale Fehlerquote hat, ist vielleicht der innerste Kern der Realität der Jugendlichen: In ihr kommt der Determinismus oder vielmehr der Fatalismus zum Ausdruck, der sie von vornherein zu ihrem Schicksal verdammt und als einzigen Ausweg nur das Gesetz des Dschungels erkennen lässt – ein Ausweg, der aus unserer Sicht natürlich keiner ist.

Heutigen Jugendlichen muss die Welt gefährlich vorkommen. Presse, Nachbarn, Fernsehen, sie alle vermitteln ihnen ständig, nur ja zuzusehen, dass sie »irgendwo unterkommen« und für sich selbst noch das Beste rausholen, um der allgemeinen Katastrophe zu entgehen. Nur ein Beispiel unter vielen: Vor einiger Zeit war in der Fernsehwerbung für eine Automarke eine apokalyptische Gewitterszene zu sehen, und mittendrin spazierte seelenruhig ein Mann dahin – man hätte meinen können (sicher ein Fall von Berufsblindheit), dass er unter Medikamenten stand oder jedenfalls vorübergehend bewusstseinsgestört war ... Dann erreichte der Mann seinen mit Klimaanlage ausgestatteten Wagen, stieg ein und fuhr fort ... Er hatte es gerade noch geschafft, ganz allein – »nach mir die Sintflut« ...

Die Jugendlichen, die eine Welt mit vielversprechenden Perspektiven nie kennengelernt haben, sind Kinder einer Zukunft voller Bedrohungen. Und das ist auch in unserem Beispiel der springende Punkt: In Wirklichkeit ist der junge Mohamed weit mehr als die Erwachsenen mit der tatsächlichen Welt »im Gleichklang«. Er weiß, in dieser Welt ist derjenige der Gewinner, der den anderen an die Wand drücken kann. Wer dagegen die Botschaft der herrschenden Ideologie ganz offensichtlich nicht verstanden hat, ist der Erwachsene, der von Arbeit spricht, von Anstrengung und Ausdauer, die sich irgendwann auszahlen. Sieht er denn nicht, dass es keinen Sinn hat, sich für eine Zukunft aufzuopfern, die nur Bedrohungen parat hält?

Zwar bemühen wir uns täglich, die Situation nicht noch zu dramatisieren. Der grundsätzliche Leidensdruck aber bleibt nicht verborgen, wenn die Jugendlichen, die alles andere als Autisten sind, hören oder, schlimmer noch, erleben müssen, dass man ihre Eltern einfach aussondern kann, wenn sie den wirtschaftlichen Zielen ihrer Arbeitgeber nicht mehr dienlich sind. »Mein Vater lag falsch und erwartet, dass ich es genauso mache wie er. Mein Vater hat keine Ahnung von der Welt, denn sonst würde er einen Haufen Geld verdienen und wäre ein mächtiger Mann.« So argumentieren bisweilen die Jungen.

Die verlängerte Adoleszenz: Symptom der gesellschaftlichen Misere

Als eine Folge der Autoritätskrise lässt sich bei einigen Jugendlichen feststellen, dass sie echte Schwierigkeiten haben, mit dem zurechtzukommen, was Psychologen das *Realitätsprinzip* nennen. Täglich kommen Betroffene zu uns in die Sprechstunde, die aus herkömmlicher Sicht versagt haben: Sie haben Probleme in der Schule, in ihrem Viertel und in der Familie. Am beunruhigendsten ist jedoch, dass die meisten von ihnen sich keineswegs als »problematisch« einschätzen. Ganz im Gegenteil, oft glauben sie, dass sie viel Geld verdienen werden, dass sie keinen Vorgesetzten akzeptieren werden, der sie so nervt wie jetzt die Lehrer, und dass sie es nicht so machen werden wie ihre Eltern, nämlich ihr ganzes Leben arbeiten, für nichts oder so gut wie nichts ... oder weniger als nichts, wenn es zu Massenentlassungen kommt.

Sind diese Jugendlichen wirklich so weit weg von einem wie auch immer gearteten Realitätsprinzip? Tatsächlich ist das Ganze nicht so einfach. Die neoliberale Gesellschaft bietet ein neues, einzigartiges Idol: den Ökonomismus. Politiker, Geschäftsleute, Dealer – sie alle verweisen einen pausenlos auf diese Realität, angesichts derer jegliche Erziehung, die auf anderen Prinzipien beruht, zum Scheitern verurteilt ist.

In dieser Situation ergeht es uns Psychologen und Psychiatern genauso wie einem Dermatologen, der in Patagonien praktiziert, wo das berühmte »Ozonloch« die krebserregenden ultravioletten Strahlen durchlässt. Unser verantwortungsbewusster Arzt stellt im Lauf der Jahre fest, dass Hauttumore und Hautkrebs gehäuft auftreten, und zwar in einer Größenordnung von zig Hunderten neuer Fälle. »Na schön«, wird der Arzt sagen, »ich bin Dermatologe, ich behandle Hautkrebs und Tumore ... und ob es nun drei oder dreihundert Fälle pro Jahr sind, ich mache weiter wie bislang.« Das ist durchaus verständlich. Irgendwann aber kommt dieser imaginäre Arzt an den Punkt, an dem er seinen Beruf nicht mehr korrekt ausüben kann, wenn er sich nicht mit den Krankheitsursachen beschäftigt, damit also, was eigentlich dazu führt, dass die Zahl der Krankheitsfälle so deutlich über das übliche Maß hinausgeht.

Genau das ist das Dilemma der Psychotherapeuten, die sich immer schon mit dieser Art von Leiden auseinandergesetzt haben und sich irgendwann den neuen Gegebenheiten anpassen oder zumindest versuchen müssen zu verstehen, worum es heute geht, um »wie vorher« praktizieren, das heißt, redlich ihren Beruf ausüben zu können.

Dagegen kann sich der Therapeut, der, vergleichbar dem Dermatologen in unserem Beispiel, den Fragen zur gesellschaftlichen Krise aus dem Weg geht, auch schlicht auf die Tatsache berufen, dass sich die Adoleszenz in unserer Gesellschaft seit geraumer Zeit beträchtlich in die Länge zieht. Sicher, alle Welt spricht darüber, und man ist sich einig, dass es sich um eine historische Tendenz handelt. Dennoch ist der Sachverhalt alarmierend: Manche betrachten die Adoleszenz

heute als Krisenzeit, die angeblich bis zum Alter von fünf-
unddreißig Jahren, wenn nicht länger anhalten kann …

In einer stabilen — oder einigermaßen stabilen — Gesellschaft endet die »Adoleszenzkrise«, sobald der Jugendliche
eine gewisse Stabilität erlangt hat und ganz in die Gesellschaft
eintritt — mit anderen Worten, wenn er sowohl auf persönlicher wie auf gesellschaftlicher Ebene ein Konzept von Zukunft hat. Die Pubertät und Adoleszenz mit all ihren Problemen — die im Mittelpunkt unserer Betrachtungen stehen –,
diese Lebensphase, die normalerweise als Krise oder Bruch
bezeichnet wird, existiert längst nicht in allen Kulturen: In
säkularen Gesellschaften nimmt sie den Platz der Initiations-
oder Übergangsriten ein, wie sie in anderen Kulturen praktiziert werden. Ohne Riten, jedoch mit derselben Absicht, gibt
die Gesellschaft dem Jugendlichen zu verstehen, dass er von
nun an nicht mehr Kind, sondern Mitglied einer Gemeinschaft
ist, das auf seine Weise Verantwortung tragen und sich für die
Gemeinschaft verantwortlich fühlen muss.

An dieser Stelle zeigt sich, was es mit der *vorgegebenen Autorität* auf sich hat, denn jetzt nimmt der junge Mensch - in reli-
giösen wie säkularen Gesellschaften - seine Zugehörigkeit
zur Gesellschaft als eine ihm auferlegte Verantwortung an.
Was genau aber bedeutet diese Verantwortung? Sie bedeutet, dass er das, *was war, ist und sein wird*, verändern und die
Normen anfechten kann, unter der Voraussetzung, dass er
den Fortbestand der Gesellschaft nicht gefährdet. Gerade
weil er Normen und Lebensweise verändern kann, hält der
Jugendliche, anders, als man vielleicht meint, am Prinzip der
Autorität fest. Denn wenn er der Ansicht ist, gewisse Dinge
müssten verändert werden, dann geschieht dies nicht aus

einer persönlichen Laune, sondern aus dem Wunsch heraus, zum Wohlergehen und zur Weiterentwicklung der Gesellschaft beizutragen.

Das ist der eigentliche Grund, weshalb wir heute nicht von einer einfachen »Verlängerung« der Adoleszenz sprechen können: Sie ist eines der Hauptsymptome der großen Instabilität unserer Gesellschaft. Fast könnte man sagen, dass derjenige, der in die »Adoleszenzkrise« eintritt, nicht mehr aus ihr herausfinden kann und die persönliche Krise die zivilisatorische damit eingeholt hat. Der Jugendliche, der zu uns in die Sprechstunde kommt, der Schüler, der keinen Ausweg aus seinen Schulproblemen weiß, der Jugendliche, der in seinem Viertel an der Polizei ausprobiert, wie weit er gehen kann: Sie »verlängern« nicht ihre Adoleszenz – sie alle können *ihre* Adoleszenz nicht mehr ausleben, da die Gesellschaft nicht mehr in der Lage ist, ihnen den schützenden und strukturierenden Rahmen zu bieten, nach dem diese Krise verlangt.

Tatsächlich lässt diese sich nicht auf Stimmungen, Depressionen, auf Grenzüberschreitungen oder die Provokationen der Jugendlichen reduzieren: Es ist kein rein individueller Übergang, es gibt keinen Jugendlichen, der die Krise wie ein Robinson Crusoe isoliert durchläuft, als handle es sich lediglich um einen genetischen oder biologischen, völlig kontaktfreien Vorgang. Man kann diese Krise nur in ihrer Ganzheit verstehen, als alles umfassende Situation, weshalb sie bei einem Großteil unserer Jugendlichen auch zu keinem erfolgreichen Abschluss kommt: Ein gewisser Rahmen, ein gewisser Kontext sind die Voraussetzung dafür, dass die in dieser Phase charakteristische *Erforschung der Welt* vorangetrieben werden kann. Der aktuelle Rahmen und der ak-

44

tuelle Kontext entsprechen jedoch nicht mehr diesen Bedürfnissen; sie sind der Situation nicht mehr angemessen.

Das belegen beispielsweise die Hilferufe von Streetworkern und Streitschlichtern, die sich an uns wenden: Sie zeigen, dass die Probleme mit den Jugendlichen, die bisher auf »soziale Brennpunkte« beschränkt waren, heutzutage in allen Vierteln existieren – sie tauchen sogar in kleinen Dörfern auf. Wir sind also oft mit Situationen konfrontiert, die tragisch und komisch zugleich sind und die wir in unserem Jargon mit dem Fehlen eines strukturierenden familiären Umfelds erklären, das den Jugendlichen dazu treibt, seinen »Ödipuskomplex mit der Polizei auszutragen«: Der Jugendliche, der das Kräftemessen sucht, der die von der Gesellschaft festgelegten Grenzen austesten muss, kurz, der alle typischen Funktionen der Übergangsriten westlicher Machart bewältigen muss und keinen ausreichend stabilen familiären Rahmen vorfindet, verlegt seine Bühne in das nächstgrößere Umfeld – sein Viertel.

Nun lässt sich das übergeordnete Gesetz, die Prinzipien, nach denen normalerweise die Erziehung der Jugendlichen erfolgt, jedoch keineswegs auf Gesetzesbücher reduzieren. Sein Gegenstand ist der Weg des Heranwachsenden hin zu einem verantwortungsbewussten Menschen, einem Erwachsenen, einem Mitglied der Gemeinschaft. Zwar schützt »Unkenntnis nicht vor Strafe«, doch sind Gesetzesbücher nicht dazu gedacht, den Menschen zu erziehen: Sie setzen voraus, dass die Bürger bereits erzogen *sind* und sich folglich für eventuelle Gesetzesverstöße verantworten müssen.

Im familiären Rahmen sind Verstöße gegen Verbote und damit einhergehende Zurechtweisungen im Verlauf der Erziehung normal und stellen eine Art spielerischen Umgang mit Wunsch und Realitätsprinzip dar. Im weiteren sozialen Umfeld haben solche Verstöße jedoch keinerlei spielerische oder symbolische Dimension mehr und werden von der Gesellschaft schlicht als Delikt geahndet. Die Bühne, auf der die Übergangsriten stattfinden, ist ungeeignet: Die Jugendlichen, die gar keine andere Wahl haben, als ihren »Ödipuskomplex mit der Polizei auszutragen«, verausgaben sich in wirkungslosen Grenzüberschreitungen und versuchen so, ihre »Adoleszenzkrise« ins Endlose zu verlängern (das gilt, ganz nebenbei bemerkt, auch für diejenigen – zweifellos die Mehrheit –, die nicht auf die Straße gehen, aber im familiären Rahmen ebenfalls vergeblich nach dem Autoritätsprinzip suchen, an dem sie sich messen könnten).

Tatsächlich erleben wir zahllose Jugendliche, die ihre Grenzen nicht innerhalb der Familie, sondern mit der Polizei ausloten. Deren Aufgabe ist es jedoch nicht, familiäre Defizite auszugleichen, und nur allzu oft müssen wir mit Bedauern feststellen, wie die Polizei auf solche Provokationen reagiert: mit entsprechender Härte nämlich, wodurch sich die Gewalt endlos aufschaukeln kann. Dieser Teufelskreis veranlasst wiederum die Politiker dazu, die öffentliche Sicherheit zum Kernbereich ihrer Politik zu machen, und birgt das Risiko in sich, dass unsere Gesellschaft nur mehr mit Strafen reagiert.

Als Ärzte und Therapeuten kommen wir zu dem Schluss, dass wir uns nicht mehr damit zufriedengeben können, »so gut wie möglich« auf die Anforderungen zu reagieren. Die Psychoanalyse verdankt ihre Weiterentwicklung einem wahrhaftigen Dialog mit der Kultur und der Zivilisation, die sie hervorgebracht haben. Freud hinterfragte die Ideale seiner Gesellschaft, kommentierte das »Unbehagen in der Kultur« und kritisierte die szientistischen Bestrebungen (wobei er sich seinen unerschütterlichen Glauben an die Wissenschaft bewahrte ...). Heutzutage geht es nicht darum, über die »Grenzen« unseres Berufsstands hinauszugehen; wir sollten im Gegenteil unsere Rolle ganz ausfüllen, um den Erwartungen und dem Leiden unserer Patienten gerecht zu werden.

Psychoanalytiker und Ärzte, die für die geistige Gesundheit von Kindern und Jugendlichen zuständig sind, können sich nicht hinter ihrem hoch spezialisierten Fachwissen verschanzen, sondern müssen sich weiterhin von Freuds Ansatz, von seinem Interesse an Kultur und Zivilisation inspirieren lassen. Gesellschaftliche Probleme sind keineswegs das ureigenste Gebiet nur der Soziologie und der Anthropologie. Therapeuten und Fachärzte sollten sich am Denkprozess, der in anderen Humanwissenschaften stattfindet, beteiligen und in diesen Fragen fachübergreifend mit ihnen zusammenarbeiten. Viele von ihnen sind sich dessen bewusst und leisten einen entsprechenden Beitrag. Unserer Auffassung nach sollte sich ein Arzt oder Therapeut (auch wenn er lediglich mit dem Anspruch antritt, seine Arbeit gut zu machen und denen, die leiden, zuzuhören und zu helfen) genau am Schnittpunkt dieser verschiedenen Ansätze, Überlegungen und Vorgehensweisen positionieren.

3 Von der Lust zur Bedrohung

Unsere Gesellschaft hat, ohne es zu merken und ohne ausdrücklich darüber zu befinden, eine Art *Ideologie der Krise* hervorgebracht, eine Ideologie des Notstands, die sich nach und nach ganz unauffällig in sämtlichen Bereichen des öffentlichen und privaten Lebens bis hinein in die Intimsphäre eingenistet hat und inzwischen mit prägend für das Selbstbild jedes Einzelnen geworden ist.

Diese Ersatzideologie vermittelt allerdings kein Weltbild, sie ist keine vollständige Kosmogonie, die an die Stelle der früher gültigen Ideologie getreten wäre, sondern erscheint im Gegenteil als eine Art Flickwerk, eine Krücke, mit deren Hilfe man so tun kann, als funktioniere die Welt der Krise zum Trotz noch immer.

Eine »Patchwork-Ideologie«

Die gesamte moderne westliche Kultur beruht, wie wir gesehen haben, auf einer Grundannahme: Die Zukunft war uns *verheißen* als eine Art laizistisches Heilsversprechen, als atheistischer Messianismus. Und dieses Versprechen gilt nicht mehr. Was auch erklärt, warum die derzeitige Krise sich von früheren Krisen, denen die abendländische Zivilisation sich anpassen konnte, unterscheidet, denn sie rührt an ihr Fundament.

In unserer Zivilisation, wie in allen anderen Gesellschaften auch, beruht das, was die Kontinuität der Kultur gewährleistet, nämlich die Erziehung und die Vermittlung von Werten und Prinzipien, auf der Überlieferung ihrer Gründungsmythen. In der abendländischen Kultur hieß erziehen, den anderen, den jungen Menschen nämlich, auf den Weg zu bringen, einer verheißungsvollen Zukunft entgegen, die jedem Einzelnen das Gefühl gab, entsprechend seinen Fähigkeiten teilzuhaben an einem gemeinsamen Projekt.

Wie sollen Erziehung und Wertevermittlung künftig funktionieren, wie sollen junge Menschen in eine Kultur integriert werden, der nicht nur das grundlegende Fundament abhanden gekommen ist, sondern die auch erlebt hat, wie es sich in sein Gegenteil verkehrt hat, da aus der *Zukunftsverheißung* eine *Zukunftsbedrohung* geworden ist? Am befremdlichsten ist schließlich die Tatsache, dass diese Veränderung praktisch nicht thematisiert wird. Die verschiedenen Einrichtungen, die mit erzieherischen, schulischen und therapeutischen Aufgaben betraut sind, agieren, als gebe es keine Krise und als seien lediglich eine Reihe von Schwierigkeiten zu überwinden, freilich mit Hilfe von Sachverstand und ein bisschen gutem Willen.

Unter den »Patchwork-Idealen«, die an die Stelle des Modernitätsglaubens getreten sind und die Krise verschleiern, interessiert uns eines ganz besonders, nämlich dieser Übergang *von der Lust* und *vom inneren Bedürfnis zur Bedrohung*. Angesichts der Bedrohung, die von der Zukunft ausgeht, ist die Aufforderung an die Jungen, in die Gesellschaft einzutreten und deren Kulturgüter kennenzulernen, sich anzueignen und mit anderen zu teilen, mittlerweile in den Hintergrund getreten. Es scheint, als könne sich unsere Gesellschaft nicht länger den »Luxus der Hoffnung« leisten, als sei sie nicht mehr imstande, den jungen Menschen die Aufnahme in die Gemeinschaft als Frucht und gleichzeitig Quelle eines tief verankerten Bedürfnisses in Aussicht zu stellen. Offenbar haben wir vergessen, was für Freud – wie auch seine Nachfolger, vor allem aber für die große Mehrheit der Lehrer und Pädagogen – der Lernimpuls war und ist: die Wissbegierde des Kindes, sein Wunsch, zu lernen und zu verstehen.

Die Möglichkeit, erste Lernschritte zu machen, sich zu bilden und letztlich einer Kultur anzuschließen, hat Freud als *Sublimierung der Libido* beschrieben. Dahinter steht die Vorstellung, dass das heranwachsende Kind die Bereitschaft entwickelt, einen Teil seiner Libido, seine Lebensenergie und seine Wünsche also, sozusagen zur Verhandlungssache zu machen. Es verlässt seine selbstbezogene Position, für die der Begriff der *narzisstischen* Libido steht, und beschäftigt sich fortan mit der Außenwelt, was Freud als *Objektlibido* bezeichnet. In diesem Prozess beginnen Kinder ihre Menschwerdung auch als Entwicklung zu begreifen. Für diesen Übergang hat Freud das Konzept des *Wissenstriebs* entwickelt, die Fähigkeit des Kindes, lernen zu wollen, indem es einen Teil seiner Libido auf die Gegenstände in der Welt lenkt, die es erfassen, verstehen und mit Leben erfüllen muss.

Das eigentliche Fundament jedes Lernprozesses ist also schlicht die Lust. Natürlich ist das Lernen in der Schule dem Kind in gewissem Maße »nützlich«, weil es das erworbene Wissen im Alltag anwenden kann. Aber es ist das Ergebnis seiner Lust und seines Wissenstriebs und entspringt nicht einem eindimensionalen Nützlichkeitsdenken. Es geht nicht darum, einfach nur informiert zu sein, denn Bildung heißt nicht, sich eine »Gebrauchsanweisung für das Leben« anzueignen.

Der Wissenstrieb, die Lust am Lernen sind nicht nur Ausdruck des Überlebenstriebs. Sie lassen sich nicht auf eine *Überlebenstechnik* reduzieren, sondern bringen im Gegenteil den Wunsch nach Kultur zum Ausdruck. Und dazu gehören natürlich auch die Übereinkunft mit anderen und Begriffe wie Vielfalt und Pluralität. Bindungen und Konzepte entstehen also aus Lust, während eine Erziehung, deren Prämisse das Überleben ist, darauf hinausläuft, dass man nur sich selbst »in Sicherheit« bringt und früher oder später *gegen* die anderen positioniert.

Unter Bedrohung lernen

Der Utilitarismus wird heutzutage als einzige Weltanschauung hingestellt, die dem »Notstand«, in den die Krise uns befördert hat, etwas entgegenzusetzen habe. Er gibt vor, eine durchschaubare Welt zu begründen, in der wir jeden Menschen jederzeit nach präzisen und eindeutigen, nämlich quantitativen Kriterien beurteilen können.

Die Kinder werden anhand dieser individualistischen Kriterien eindimensional bewertet. Das heißt, dass ein »Schulversager« nicht nur in der Schule schlecht ist: Zwar ist auch dieses Kind eine vielschichtige und widersprüchliche Persönlichkeit, doch wird es immer nur an seinen Noten gemessen und gilt mithin als »Versager«. Schulnoten sind das frühe Pendant zum Einkommen der Eltern. Doch bemisst sich an ihnen nicht nur der (quantitative) Wert eines Kindes. Nach den Regeln des schulischen Utilitarismus bedeuten Noten noch viel mehr: Sie sind von Kindheit an eine Art Hinführung zum Leben der Erwachsenen, denn man geht davon aus, dass ein Kind, das schlecht lernt, später einmal arbeitslos ist, ein armseliges Leben fristen wird usw.

Da man hinter schulischem Versagen ein generelles Versagen befürchtet, begegnen wir in unseren kinderpsychiatrischen Sprechstunden häufig Kindern mit Schulschwierigkeiten. Wenn wir abgeklärt haben, ob diese Schwierigkeiten nicht auf ganz konkrete Probleme zurückzuführen sind (etwa auf Legasthenie oder psychische Blockaden), fragen wir uns: Was fehlt diesem Kind? Nicht etwa, weil es nicht der sozialen Norm entspricht, sondern weil seine Lernprobleme auf Schwierigkeiten schließen lassen, Wünsche zu artikulieren und Lebenslust zu empfinden. Wobei diese Lerndynamik natürlich nur dann funktioniert, wenn die Erwachsenen die Zukunft und das, was es aufzubauen gilt, als etwas Positives und Lustvolles darstellen.

Das sei am Beispiel eines unserer Patienten veranschaulicht, der schon im Vorschulalter wegen seiner Gewalttätigkeit und mangelnden Gruppenfähigkeit aufgefallen war. Er lebte in enger Symbiose mit seiner Mutter, beide waren in starkem Maß belastet; das familiäre Umfeld war geprägt von Gewalt, Trennungen und wirtschaftlicher und kultureller Verarmung. Mit seinen acht Jahren machte der Junge noch immer keine Anstalten zu lesen, trotz normaler intellektueller Fähigkeiten, die ihm ein psychologischer Test bescheinigt hatte, und trotz des Versuchs einer Sprachheilmaßnahme, die von einer erfahrenen Logopädin durchgeführt worden war.

Er hatte der Behandlung ohne Begeisterung zugestimmt und tat sich schwer, regelmäßig zu den Terminen zu erscheinen.

Auf den Bildern, die der Junge von sich malte, stellte er sich mal als winziges Wesen verloren in einer Ecke auf dem Blatt Papier dar, mal als übergroße Figur, größer als seine Mutter, die er beschützte. In einem Gespräch brachte er seine Abneigung gegen jegliches Lernen deutlich zum Ausdruck: Dass man sich in der Schule nicht prügeln dürfe, habe er begriffen, aber jetzt wolle er seine Ruhe und mit den anderen nichts zu tun haben. Er wolle allein sein und wolle nicht, dass man ihn zum Lernen zwinge. Seine Beziehungen im nicht mütterlichen Umfeld erlebte er als Gefährdung eines psychischen Raums, den er sich mit viel Mühe geschaffen hatte. Vielleicht hätte er das Gefühl gebraucht, als das Kind angenommen zu werden, das er war, mit all seinen Schwierigkeiten, um sich in einem weiteren Schritt mit seiner Schülerrolle identifizieren zu können. Er war blockiert in seiner aktiven Verweigerungshaltung und hatte seine persönliche Wissbegierde nicht auf das Lernen in der Schule übertragen können. Wie ließe sich bei ihm diese Begierde wecken?

Genau da liegt das Problem: Die Erwachsenen haben heute das Scheitern der Ideale im Zusammenhang mit einer Heil versprechenden Zukunft verinnerlicht und sind nun der entgegengesetzten, mittlerweile bereits vorherrschenden Überzeugung, wonach die Zukunft voller Bedrohungen steckt. In der täglichen Erziehungspraxis hat also ein Wandel stattgefunden von der *Aufforderung, sich etwas lustvoll anzueignen,* zu einer mehr oder weniger rabiaten Variante dessen, was wir als *Lernen unter Bedrohung* bezeichnen.

Eltern, Lehrer und Erzieher wollen den Nachwuchs zum Lernen anhalten und tun das, indem sie ihm mehr oder weniger explizit einschärfen, was mit Blick auf die Zukunft in Wirklichkeit einer Bedrohung gleichkommt: »Wenn du in der Schule nichts leistest und keinen Abschluss schaffst, wirst du eben arbeitslos.« Die Erwachsenen haben eine ganz reale Angst vor der Zukunft, gegen die sie ihre Kinder zu »wappnen« versuchen. Man wappnet sich jedoch nicht ohne Bedrohung, sei sie nun konkret oder imaginär. Es ist offenbar so selbstverständlich, die Zukunft nicht als erstrebenswert zu empfinden, dass unsere Gesellschaft zu dem Schluss kommt, man gehe am besten vom Schlimmsten als scheinbar einzigem Mittel aus, um Jugendliche und Erwachsene zur Räson zu bringen.

In unseren Beratungsstellen und Praxen bekommen wir diese Entwicklung aus nächster Nähe mit: Der gute Pädagoge versucht, seinen Schülern mit dem Stoff auch das nötige »Rüstzeug« mitzugeben, Eltern verzweifeln, weil ihre Kinder nicht schnell genug begreifen, dass man es »nicht leicht« hat in dieser Welt, und sind besorgt, weil der Nachwuchs sich eben nicht »rüstet« – Verzeihung, wir wollten sagen: nicht lernt ... Diese sehr konkrete und alltägliche Wirklichkeit machen sich unsere Mitmenschen häufig nicht bewusst; sie verstehen kaum, was ihnen widerfährt. Im Namen dieser gefahrvollen Zukunft findet also eine Art vorzeitiger Auswahl statt, um die Kinder nach bestem Wissen und Gewissen »so früh wie möglich« in eine bestimmte Richtung zu lenken.

Eine neue utilitaristische Hierarchie

In den Köpfen derer, die jungen Menschen helfen wollen, ist die Bedrohung allgegenwärtig. Wer erzieherische Verantwortung ausübt, verhält sich folglich so, wie man es bei drohender Gefahr eben tut: Er muss diese überwinden und dafür sorgen, dass möglichst viele andere ebenfalls siegreich aus ihr hervorgehen. So wird die Situation in unserer Gesellschaft täglich angespannter: Alles Wissen muss »nützlich« sein, jede Art von Unterricht »zu etwas dienen«. Denn mit dem uneingeschränkten Sieg des Neoliberalismus ist das reine Wirtschaftsdenken unseren Mitmenschen zu einer Art zweiter Natur geworden. Die Ökonomie ist die einzige Lebensform.

Dieser »Effizienzzwang« beeinträchtigt auch die Arbeit des Arztes. Sich davon nicht vereinnahmen zu lassen bedeutet, offen Widerstand zu leisten. Denn die heutige Tendenz, öffentliche Krankenhäuser mit Wirtschaftsunternehmen gleichzusetzen – schon seit Längerem ist vom »Unternehmen Krankenhaus« die Rede –, führt dazu, dass die Argumentation fast ausschließlich an wirtschaftlichen und strategischen Gesichtspunkten ausgerichtet ist: Krankenhausverwaltung und Ärzte sind aufgefordert, gesundheitliche Probleme unter dem Aspekt der Wirtschaftlichkeit zu behandeln. Dadurch sind sie – auch wenn viele sich energisch dagegen wehren – in einer ökonomischen Logik gefangen, die vieles andere, was im Gesundheitswesen eben auch eine Rolle spielt, ausklammert oder nicht genügend berücksichtigt. Gewiss, die Verwaltung eines Krankenhauses ist eine notwendige und schwierige Aufgabe. Aber sie wäre leichter zu bewältigen, wenn man gleichzeitig gründlich über die tatsächlichen Bedürfnisse und Erwartungen der Patienten nachdenken würde, über die Kompetenzen und das Engagement des Fachpersonals und insbesondere über das besondere Wesen dessen, was eigentlich »verwaltet« werden soll: das Leiden nämlich, oft auch der nahe Tod und viele andere menschliche Dramen. Es geht längst nicht nur um Rentabilität, und nichtökonomische Standpunkte sind daher keineswegs kindisch oder utopisch. »Ich habe nicht gut genug zugehört«, sagte kürzlich ein ehemaliger französischer Gesundheitsminister. Mangelndes Zuhören ist tatsächlich auch hier Teil des Problems.

Ähnlich verhält es sich im Bildungswesen, wo die Suche nach dem unmittelbaren Nutzen sich als Ideologie durchzusetzen scheint und mehr und mehr als erreichbares Ziel gilt. Welchen Sinn Bildung haben soll, nach welchen Lehrplänen man vorgeht und ob alles unnütze Wissen daraus verbannt werden muss, scheint kaum mehr Gegenstand kollektiver Überlegungen zu sein. Denn für viele steht eindeutig fest, dass wir uns nicht den »Luxus« leisten können, Dinge zu lernen, die »zu nichts gut« sind, und dass alles Bemühen seitens der Schüler und Lehrer auf höchste Kompetenz und beste Abschlüsse zielen muss, denn sie gelten als eine Art »Überlebensversicherung« in dieser gefahrvollen, unsicheren Welt, die geprägt ist von einem wirtschaftlichen Kampf, in dem jeder gegen jeden antritt.

Dadurch entsteht implizit eine Rangfolge der Berufe. Beispielsweise kann man sich, wenn man einen Gärtner sieht, nicht mehr einfach sagen: »Der Mann hat diesen Beruf gewählt, weil ihm seine Arbeit Spaß macht.« Für die jungen

Leute ist die Entscheidung für einen solchen Beruf eine ganz konkrete »Orientierung«, denn sie wird mit einer gescheiterten schulischen Laufbahn gleichgesetzt. Das gilt auch für den Taxifahrer oder den Schreiner: Ob sie ihrer Arbeit gern nachgehen oder nicht – in den Augen der restlichen Gesellschaft ist ihre Berufswahl ein Hinweis darauf, dass sie irgendwann in ihrer Schulkarriere gestrauchelt sind. Gemäß der Logik dieser »natürlichen« Auswahl ist ein Krankenpfleger eben nur deshalb Krankenpfleger, weil es zum Arzt »nicht gereicht« hat und er auf dem Weg an die Spitze gescheitert ist …

Entsprechend dieser – einer industriellen Aufzucht durchaus würdigen – Logik bleiben die heutigen Hymnen auf »Differenzierung« und »Diversifizierung« leere Beschwörungsformeln, an die ohnehin niemand glaubt, solange es am nötigen Respekt für den Lebensweg jedes Einzelnen mangelt. Junge Menschen heute leben und denken entsprechend dieser Wirklichkeit der Selektion – oder vielmehr des Abstellgleises. Das ist der Bezugsrahmen des Jugendlichen, der irgendwann auf seine Lehrerin losgegangen ist. Diese ist sich der Zusammenhänge durchaus bewusst, versucht aber gleichzeitig, dem Jugendlichen zu helfen, in einer Welt zurechtzukommen, in der sie selbst sich nicht immer aufgehoben fühlt. Die Bezugsrahmen von Jugendlichem und Lehrerin gleichen zwei Filmen, die zeitgleich laufen und sich nicht überschneiden und auch nicht überschneiden dürfen: Das wäre ein Unfall, der weitere Unfälle nach sich ziehen würde.

4 Bedrohung und Notstandsideologie

Manch ein Leser mag sich fragen, welcher Zusammenhang zwischen diesen Überlegungen und dem Praxisalltag unserer Arbeit mit Kindern und Jugendlichen besteht. Tatsächlich hängt das eine durchaus mit dem anderen zusammen, und gerade im Interesse der Kinder und Jugendlichen, die uns aufsuchen, scheint uns eine solche Analyse notwendig. Sie stellt zwar, wie gesagt, keine wundersame Lösung in Aussicht, soll aber anhand einiger Beispiele verdeutlichen, wie der Ausweglosigkeit auf therapeutischem Weg beizukommen wäre und wie eine *bindungsorientierte Therapie* aussehen könnte.

In unserem kollektiven Unbewussten (oder in der vorherrschenden Ideologie) hat sich die – als Kränkung erlebte – Gewissheit festgesetzt, wir befänden uns im permanenten Notstand. Wir haben den Anspruch, Missstände jeder Art möglichst schnell zu beheben, lassen uns aber keine Zeit für entsprechende Überlegungen und Planungen. Sich diese Zeit zu nehmen, erscheint in einer als feindlich empfundenen Wirtschaftswelt geradezu als riskanter Luxus. Denn in dieser Welt fühlen wir uns von Menschen bedroht, die, um selbst zu überleben, unsere Märkte mit ihren Waren überschwemmen, immer billiger und mehr produzieren, uns die Arbeitsplätze wegnehmen, unsere Grenzen belagern … Wir müssen also auf jeden Fall und unbedingt unverzüglich handeln.

Die Beschleunigung der Zeit

In der phänomenologischen Psychiatrie wird Depression als ein Zustand beschrieben, in dem man das Gefühl hat, »keine Zeit mehr« zu haben und nirgendwo hinzugehören: Man fühlt sich gehetzt, sieht keinen Ausweg mehr und befindet sich somit tatsächlich in einer existenziellen Sackgasse. Die Zeit vergeht wie im Flug, sie läuft immer schneller davon ... Und es gibt buchstäblich keinen Ort mehr, an dem man Zuflucht finden könnte: Der depressive Mensch stößt überall und unausweichlich nur auf das, was er »schon kennt«.

Diese Beschreibung der Depression trifft nun allerdings auf zig Millionen Menschen zu, die sich nicht als depressiv erleben. Aber auch sie leben in einer Welt, in der die Zeit immer schneller zu vergehen scheint, weil sie sich von der Wirtschaft bedroht fühlen, weil der Wettbewerb ihnen »keine Zeit mehr« lässt. Gleichzeitig »schrumpft« der Raum: Auf der ganzen Welt ähneln die Orte einander immer mehr.

Dieser doppelte Druck lastet auf dem, was das Menschsein im Kern ausmacht. Hegel definierte den Begriff als »Zeit des Dings«: Erkenntnis und Entwicklung als wesentliche Grundanlagen des Menschen sind durch das Dasein in der Zeit bedingt. Die Menschen sind für immer aus einer hypothetischen Welt der Dinge *an sich* verbannt, in der man auf diese unmittelbar Zugriff hätte, ohne sie vorher auf einen Begriff bringen zu müssen und die nötige Zeit aufzuwenden, diesen zu denken. Der Mensch existiert nur in einer Welt der Worte, der Begriffe und der Kultur, die keinen Zugang zu einer *unmittelbaren Wirklichkeit* zulässt. Das ist nicht etwa auf menschliche Unzulänglichkeit zurückzuführen, sondern vielmehr auf die Tatsache, dass diese phänomenalistische Welt der Kultur und der Vorstellungen *an sich* ganz konkret die Welt des Phänomens Mensch ist.

Diese fundamentale »Zeit des Dings« ist demnach weder Zeitverschwendung noch etwas, auf das man nur wahlweise zurückgreifen könnte; es ist die Zeitdimension selbst, in der sich der Mensch entwickelt. Wenn es also mitten in der Krise so aussieht, als sei zum Nachdenken keine Zeit oder als würden die Spielräume immer kleiner, dann haben wir es in Wahrheit mit einer Welt zu tun, die das Leben beschneidet und reduziert.

Unter dem Eindruck einer solchen permanenten Notlage entsteht logischerweise ein Gefühl der Unsicherheit, das in der Folge einer Ideologie der Sicherheit den Boden bereitet, die sämtliche Lebensbereiche erfasst: Im öffentlichen wie im privaten Leben treten eine Reihe gesellschaftlicher Verteidigungsreflexe an die Stelle des Denkens und von Überlegungen grundsätzlicher Art. Den gängigen Theorien über die Entwicklung der Psyche zufolge sind aber eben dieses Erarbeiten von Konzepten und die Annahme einer subjektiven und kulturell bedingten Verfasstheit der menschlichen Natur grundlegend dafür, dass ein Kind dauerhaft Bindungen eingehen und zum Menschen reifen kann.

Wenn wir also als Fachleute aufgefordert sind, denjenigen zu helfen, die sich in einer Notlage befinden, müssen wir das unserer moralischen Überzeugung entsprechend nicht zuletzt dadurch tun, dass wir diesem täglichen Konstrukt des permanenten Notstands etwas entgegensetzen, indem wir es analysieren und in seine Einzelteile zerlegen.

Der Notstand oder Wie wir die Bedrohung
gesellschaftlich verdrängen

Wir werden mit apokalyptischen Informationen über die
Zukunft der Welt buchstäblich bombardiert. Neu ist, dass
diese Informationen von der Öffentlichkeit genauso aufgenommen und verinnerlicht werdem wie die derzeitige Krise
selbst. Genauer gesagt: Diese Katastrophen und Bedrohungen werden durch eine Reihe von Meldungen in den Medien
in unser Bewusstsein gerückt; regelmäßig erschrickt und
empört sich dann die Öffentlichkeit und die allgemeine
Angst greift weiter um sich. Nach einiger Zeit aber ist die
Katastrophe, selbst wenn sie uns nach wie vor bedroht, keine »aktuelle« Meldung mehr, oder eine neue Bedrohung
schiebt sich in den Vordergrund ... Und die Leute nehmen
auch die neuen Bedrohungen hin und integrieren sie in ihren
normalen oder zumindest normalisierten Alltag.

Dazu ein Beispiel. 1999 erfuhren wir aus den Medien, dass
sich über dem Indischen Ozean eine riesige Smogwolke von
der Größe der Vereinigten Staaten gebildet hatte und immer
größer wurde. In den Fernsehnachrichten wurde uns erklärt,
dass die Giftwolke, wenn sie das Festland erreiche, die unter ihr liegenden Gebiete wochenlang in Schatten hüllen
würde (die unmittelbaren Folgen, etwa die Verschmutzung
des Ozeans bei jedem Regen usw., blieben allerdings un-
erwähnt). Tagelang erschien die Meldung auf den Titelsei-
ten der Zeitungen und war Aufmacher der Fernsehnachrichten.

Ein Jahr später versuchte einer der Autoren dieses Buches,

etwas über den Verbleib der Wolke in Erfahrung zu bringen, denn es wunderte ihn, dass niemand mehr auch nur ein Wort darüber verlor. Als überkritischer Geist vermutete er, dass das Verschwinden der Wolke aus den Medien nicht unbedingt auf ihr Verschwinden über dem Ozean schließen ließ. Tatsächlich erhielten wir von einem Labor des CNRS (*Centre National de la Recherche Scientifique*) ohne Weiteres die Auskunft, dass es die Wolke noch immer gab, ja dass sie sogar immer größer wurde und das Ökosystem der Region weiterhin schädigte. (Nebenbei gesagt, bestätigten die Forscher des CNRS, dass die Wolke schon seit Jahren existierte, und man fragt sich bei der Gelegenheit, wie es den Journalisten in dieser Welt der standardisierten Nachrichten überhaupt gelungen war, sie 1999 plötzlich als »aktuelle« Meldung zu platzieren.)

Bleibt die Feststellung, dass diese Wolke zwar nicht mehr in den Nachrichten auftaucht, aber in unseren Köpfen, in dem beschädigten Bewusstsein, das symptomatisch ist für unsere Zeit, weiterhin präsent ist. Wie so viele andere angekündigte und dann verdrängte Katastrophen auch beeinflusst sie das kollektive Unbewusste und vermittelt das Gefühl, man müsse dringend versuchen, noch irgendwie »davonzukommen«. Ändern kann man ohnehin nichts, die Sintflut scheint unaufhaltsam, also ist wohl der Moment gekommen, alle Bindungen zu kappen und lauthals zu schreien: »Nach mir …« Eine neue Arche Noah ist nicht in Sicht, folglich ist die Parole: »Rette sich, wer kann!« – ganz wie es der Zeitgeist verlangt.

Einige Kollegen sind vielleicht der Ansicht, derlei habe wenig mit der psychotherapeutischen Behandlung von Kindern und Jugendlichen zu tun und tangiere die psychische Entwicklungsdynamik des Kindes in keiner Weise – was unserer Überzeugung nach nicht stimmt. In ihrem *Anti-Ödipus* erklären Gilles Deleuze und Félix Guattari, dass Ängste, Leidenschaften und Wünsche durch die jeweilige Kultur geprägt und zum Ausdruck gebracht werden. Nichts zwingt ein Kind dazu, von Papa, Mama und Tante Hedwig zu fantasieren und dabei Familienwelten zu ersinnen, in denen der Hund Papa, die Katze Mama und das schwer verletzte Pferd der kastrierte Papa ist ... Tatsächlich fantasieren Kinder und Jugendliche mehr als Erwachsene, die die gesellschaftliche Norm verinnerlicht haben. In ihren Köpfen entstehen ganze Welten, Universen, eine Vielzahl von Leben und künftigen Entwicklungen, die, das sei noch einmal betont, eben nicht zwangsläufig Metaphern für Papa und Mama sind, eher im Gegenteil: Erfahrungsgemäß sind Papa, Mama und die Familie ganz allgemein oft Metaphern für etwas viel Größeres, Mächtigeres. Das Kind gibt ihnen vereinfachte, vordergründig familienbezogene Formen, um sie sich vorstellen zu können.

Das bedeutet nichts anderes, als dass der Lauf der Welt aus seiner absoluten Äußerlichkeit heraus in uns hineinwirkt und unser Leben und unser Unbewusstes bestimmt. Aus diesem Grund ist es nicht sonderlich hilfreich und aus unserer Sicht vor allem verantwortungslos, sich Kinder oder Jugendliche als abstrakte Wesen zu denken, deren psychische Probleme keinerlei Bezug zur Außenwelt haben und die sich nur um ihre kleinen Geheimnisse und nicht um das weitere Schicksal der Welt sorgen.

Wenn wir nun, wie uns in der Welt von heute ständig nahegelegt wird, die Bedrohungen vergessen und uns nur noch um unsere »eigenen kleinen Probleme« kümmern, als seien das Leben und die Frage, wie es sich weiterentwickelt, nicht »unsere Sache«, kommt es zu einer dauerhaften Verdrängung. Damit aber hätten wir die Wette bereits verloren, denn das *Verdrängte* und das *Wiederauftauchen von Verdrängtem* sind zwei Momente ein und derselben Bewegung. Die Rückkehr der allgemein verdrängten Hoffnungslosigkeit wird zu einem neuen Leiden, das uns heute beschäftigt.

Die Rückkehr des gesellschaftlich Verdrängten

Einer der Autoren dieses Buches war vor einiger Zeit in einer tragikomischen Episode mit der *Rückkehr des gesellschaftlich Verdrängten* konfrontiert. Im CMPP (*Centre Médico-Psychopédagogique* = psychopädagogisch-medizinisches Zentrum) saß ich (M. B.) mit einem befreundeten Kollegen bei einer Besprechung in meinem Büro, als plötzlich die Tür aufging und der dreiunddreißigjährige Pierre hereinstürzte. Seit vielen Jahren sucht er mich regelmäßig wegen seiner Psychose auf, denn seit frühester Jugend hat er erhebliche Schwierigkeiten im täglichen Leben.

Man sah auf Anhieb, dass Pierre völlig verängstigt war; die Empfangsdame hatte mich sogar vorgewarnt, weil er ihr seinerseits etwas Angst gemacht hatte. Pierre brachte kein Wort heraus und zog schließlich einen Zettel aus der Tasche, den er mir mit zitternder Hand hinhielt. Es handelte sich um die Mitteilung eines Notarztes; man hatte ihn gerufen, weil Pierre mittags einen schweren Anfall gehabt hatte.

Pierre war noch nie medikamentös behandelt worden, und die Spritze des Notarztes hatte wenig zur Beruhigung beigetragen ... Da mein Name gefallen war, hatte der Arzt unter der Bedingung auf eine Einweisung ins Krankenhaus verzichtet, dass Pierre mich nachmittags aufsuchte.

Was geschehen war, ließ sich nicht ohne Weiteres rekonstruieren. Die Spritze in Verbindung mit seiner Erregung machten es Pierre nicht gerade leicht, das Geschehene verständlich darzustellen (er hat schon unter normalen Umständen Schwierigkeiten, sich auszudrücken). Letztlich erklärte seine Mutter mir das Ganze am Telefon, während Pierre mir gegenübersaß wie jemand, der seinem Urteil entgegensieht. Er weiß, dass er krank ist, und wartete angesichts dieses neuerlichen Schubs, dass ich ihm sagte, was er machen solle.

Alles hatte am Mittag begonnen, als Pierres Eltern, sein Bruder und dessen Frau wie üblich gemeinsam mit ihm zu Mittag gegessen und sich dabei die Fernsehnachrichten angesehen hatten. Genau in dem Augenblick, als Pierre sein Steak schneiden wollte, kam ein Bericht über den Rinderwahnsinn. Alle »Nichtkranken« aßen natürlich seelenruhig weiter – sie sind ja schließlich nicht wahnsinnig ... Pierre dagegen hörte zu essen auf, warf seinen Teller auf den Boden und fing an zu schreien.

Später sagte er mir, das passiere immer, wenn er etwas wirklich Wichtiges eilig erklären wolle: Er kann sich nicht verständlich machen und regt sich darüber auf. Und wenn Pierre sich aufregt, dann ... regt ihn das auf. Wie es weitergegangen war, wusste ich: Seine Angehörigen riefen den Notarzt und dachten sich vermutlich, wie schwierig es doch sei, mit einem Kranken zusammenzuleben. Nicht, dass sie ihn nicht bei sich haben möchten; sie wollen ihn weder ins Krankenhaus abschieben noch sich ganz von ihm trennen, aber »einfach ist es nicht …«

Letztlich war es um ganz »normale«, banale Dinge gegangen. Trotzdem fiel uns auf, dass Pierre als Einziger die Nachricht über den Rinderwahnsinn bewusst wahrgenommen und in ihrer ganzen Tragweite verstanden hatte. Er allein trennte das Gehörte, die Information, nicht vom Erlebten. Ist er nun normal oder krank? Schlussendlich müssen die »normalen« Leute, wenn sie weiterhin die Nachrichten anschauen und dabei Steaks essen wollen, jeden Tag, wenn nicht mehrfach täglich, die Realität verleugnen und davon ausgehen, dass die mit Essen, Atmen oder Sonnenstrahlung verbundenen Risiken lediglich die anderen etwas angehen. Um ruhig weiterleben zu können, umgeben sie sich mit einer Art Rüstung, einem imaginären Schutzschild, hinter dem sie sich in Sicherheit wähnen.

An diesem Tag war nicht Pierre wahnsinnig. Das Beispiel verdeutlicht, was wir als »Krisenarbeit in der Krise« bezeichnen: ein therapeutischer Ansatz, der beide Dimensionen der Krise – die individuelle und die gesellschaftliche – einbezieht und der nur ohne die vermeintliche Sicherheit des imaginären Schutzschildes funktioniert, der uns von der Welt isoliert und vor ihr schützt.

Wir wissen um die reale Bedrohung in einer Welt, die im Namen des Profits bereit ist, gegenüber der Natur Frankenstein zu spielen: Wir können sie nicht an der Garderobe unserer psychiatrischen Dienste abgeben, denn sie begleitet unsere Patienten. Doch zugleich müssen wir beispielsweise Pierre helfen, in einem Augenblick höchster Angst mit seinem Leben zurechtzukommen. In jedem Fall sind wir überzeugt, dass der klassische »Psychologismus« dem Facharzt nicht zu einer angemessenen Antwort verhilft. Sicher, es ist bequemer, die Wirklichkeit zu »formatieren«, sie eindimensional auf ein einfaches Maß zu reduzieren, damit sie weder den Therapeuten noch die Institution infrage stellen kann. In der psychologistischen Logik würde dann der Rinderwahn für Pierres Vater oder Mutter stehen, der Fernseher für den Bruder oder dessen Frau ... In diesem Interpretationsraster leugnet der Therapeut die Tatsache, dass Pierres Ausbruch sich nicht zwangsläufig auf seine Mutter oder seinen Vater beziehen muss. Es lässt außer Acht, dass, wie beim Möbiusband, Innenleben und Außenwelt ineinander übergehen.

Wie »persönlich« ist das Leben?

Der Philosoph Gilles Deleuze sagte, Leben sei nichts Persönliches. Diese Aussage mutet im Rahmen psychologischer Arbeit paradox an: Geht es dabei (endlich) nicht gerade um das Persönliche, Intime, Geheime? Allerdings ist das Intime, alles, was offenkundig in den Bereich der psychotherapeutischen Arbeit fällt, gar nicht so eindeutig und selbstverständlich »persönlich«, wie man auf Anhieb meinen möchte. Es handelt sich eben nicht um lauter »schmutzige kleine Geheimnisse«, sondern sollte vielmehr in dem Sinn verstanden werden, wie es der römische Philosoph Plotin nahelegte: »Es gibt keinen Punkt, an dem man seine eigenen Grenzen festlegen könnte, um zu sagen: ›Bis hierher bin es ich.‹«[5]
Natürlich fällt eine psychotherapeutische Behandlung weder in den Zuständigkeitsbereich der Soziologie noch der

Politik, ja nicht einmal der Philosophie (auch wenn bestimmte philosophische Betrachtungsweisen ihr sehr nahekommen). Sie geht vielmehr auf die psychische Realität des Patienten ein, die das Resultat unzähliger Faktoren ist, die sich vielleicht irgendwann zu einem persönlichen Werdegang zusammenfügen. Mit Blick auf die gesamte Gesellschaft ist entscheidend, ob, wie es die individualistische Ideologie behauptet, die Summe der »Psychen« lauter isolierte Einzelwesen definiert, die untereinander streng determinierte, zweckbestimmte Beziehungen unterhalten. Oder ob dahinter im Gegenteil Individuen stehen, die zwar wie Inseln im Meer unweigerlich voneinander isoliert, aber doch alle so etwas wie die Faltungen des Meeresgrundes sind.[6]

Die durchaus reale Isoliertheit der Individuen ermöglicht eine jeweils eigenständige Identität und Geschichte. Andererseits gibt es jedoch eine gemeinsame Grundlage (jeder ist der andere, die anderen) als Ausgangspunkt jeglicher Verschiedenheit. Familie und soziale Organisationsstrukturen sind dafür »ausreichend gute« Ordnungsfaktoren (so der englische Psychoanalytiker Donald W. Winnicott); sie teilen eine bestimmte Weltsicht und Kosmogonie sowie ein Bündel kultureller, geografischer, historischer, biologischer und sonstiger Faktoren. In jeder Gesellschaft bringen diese jeweils spezifischen gemeinsamen kulturellen Determinanten die Menschen dazu, sich – immer auf Zeit – zusammenzuschließen und ihr Zusammenleben nach bestimmten Formen und Verwandtschaftsstrukturen zu organisieren. Gleichzeitig empfindet jedoch jeder Einzelne diese Ordnung als etwas sehr Intimes, Geheimes.

In der westlichen Gesellschaft wurde diese persönliche

Sphäre durch die Erfindung des »Privatlebens« formalisiert, das sich jedoch weiterhin in eine öffentliche, historische und kulturelle Ordnung einschreibt. Wenn man von seiner Familie träumt oder fantasiert, träumt oder fantasiert man daher in Wirklichkeit von der kulturellen und der kosmischen Ordnung, für die die Familie eine Metapher darstellt. Die Welt beginnt nicht an der Schwelle des Hauses, sondern in ihm: Die häusliche Ordnung entspricht der historischen Ordnung einer Zivilisation zu einem bestimmten Zeitpunkt ihrer Geschichte.

Wenn man zu sehr an die Abgeschlossenheit der »Privatsphäre« glaubt, verwechselt man die Interpretation mit dem Inhalt eines Textes oder die Landkarte mit dem Territorium, das sie wiedergibt.

5 Die Grenzen der Bedrohung

Wenn Gesellschaften einen historischen Wendepunkt erreichen, richtet sich der Blick gemeinhin auf das, was einvernehmlich als zentrales Anliegen erachtet wird. Große Umwälzungen aber und neue – positive oder negative – Lebensformen erschließen sich uns in der Regel nicht auf Anhieb in ihrer ganzen Tragweite, wenn wir sie überhaupt bewusst wahrnehmen. Klar erkennbar sind sie erst im Nachhinein.

Heute also ist allgemein bekannt, dass unsere Gesellschaft mit dem Verlust von Idealen und der damit einhergehenden Hoffnungslosigkeit ein Erziehungsmodell preisgegeben hat, das auf dem Wunsch des Lernenden beruhte, sich das Wissen seiner Vorfahren anzueignen. Mittlerweile wird Kindern nicht mehr vermittelt, sie könnten lustvoll die Welt erobern. Die Erziehung erfolgt vor dem Hintergrund eines Bedrohungsszenarios: Wir bringen unseren Kindern bei, sich vor der Welt zu fürchten, und zeigen ihnen, wie sie die drohenden Gefahren unbeschadet überstehen können. Diese radikale Umkehr in der Erziehung bedeutet einen grundlegenden kulturellen Wandel, der aber selten als solcher betrachtet wird.

Lehrer wie auch Eltern sehen die Lösung der aktuellen Probleme oft nur als eine Frage von Techniken und Methoden. Sie sind der Ansicht, man müsse sich nur ein wenig Mühe geben, dann funktioniere alles gleich viel besser. Gleichzeitig wissen alle, dass die Zukunft voller Bedrohungen ist, denen man nicht so leicht entkommt.

Natürlich steht es jedem frei, sich mit dem Gedanken zu trösten, dass die Menschheit in ihrer Geschichte immer schon Bedrohungen ausgesetzt war, ohne dass dies zwangsläufig zum Untergang von Kulturen geführt hätte. Man könnte allerdings dagegenhalten, dass viele Kulturen tatsächlich untergegangen sind. Auch wenn jede Bedrohung eine phantasmatische Dimension hat, kann man sie also daher nicht als simple Fantasterei abtun. Und wenn man versucht, die aktuelle Zukunftsangst durch einen Vergleich mit der nuklearen Bedrohung zu relativieren, die ebenso offenkundig noch viel schrecklicher ist, läuft man Gefahr, am Wesentlichen vorbeizugehen.

Nach der Explosion der ersten beiden Atombomben wurde der Menschheit mit Entsetzen bewusst, dass sie tatsächlich die Waffe der Apokalypse erfunden hatte und nun in der Lage war, alles Leben auf der Erde zu vernichten. Jeder nukleare Sieg konnte, und kann auch heute, nur ein schrecklicher Pyrrhussieg sein: Mit dem besiegten Land verliert auch der Sieger. Und wie absurd waren damals die Rechenbeispiele, wonach jede Seite in der Lage war, unseren Planeten mit soundsoviel nuklearen Sprengköpfen zehn-, dreißig- oder hundertmal zu zerstören.

Diese – im Übrigen sehr reale und nach wie vor aktuelle – Art von Bedrohung unterscheidet sich jedoch grundsätzlich von der hier untersuchten. Ein Atomkrieg würde bedeuten, dass etwas *außer Kontrolle* gerät. Diese Gefahr existiert sehr wohl, ist aber keineswegs unausweichlich und für die Zivilisationen, die diese Waffen produziert haben, auch keine normale oder zwangsläufige Entwicklung. Die aktuelle Bedrohung, die unserem Alltag ihren Rhythmus aufzwingt, ist ganz anderer Art: Das Risiko besteht nicht darin, dass etwas außer Kontrolle gerät, sondern liegt im »guten Funktionieren« unserer Zivilisation selbst, der Entwicklung, die sie aus sich heraus eingeschlagen hat. Das bedeutet, dass sie auf ihren Untergang zusteuert. Wenn alles »glattgeht«, wenn die Dinge ihren Lauf nehmen, sind die Zukunft der Menschheit und das Leben auf der Erde ernstlich bedroht. Denn die Änderung unserer Einstellung gegenüber der Zukunft stellt eine Bedrohung dar, die sich auf nichts Konkretes richtet. Die nukleare Bedrohung zielt im Prinzip darauf ab, Kriege oder zumindest einen totalen Krieg zu verhindern; die neue Bedrohung hingegen hat keinen bestimmten Zweck, übt keinerlei »nützlichen« Druck aus. Sie ist umso zerstörerischer, als niemand Bestimmter droht und niemand Bestimmter bedroht wird: Unsere Kultur als solche steht vor einer Reihe unlösbarer Probleme und verschlossener Türen, und wir haben keine Ahnung, wie wir sie öffnen und aus der Ausweglosigkeit herausfinden sollen.

Eines der absurdesten Merkmale der Krise ist wohl die Tatsache, dass im Grunde niemand mit der gegenwärtigen Entwicklung der Welt einverstanden ist. Sogar die »Mächtigen« verkünden bei ihren spektakulären Gipfeltreffen (in

Davos usw.), dass alles immer schlimmer werde, und fragen sich, wie sich die derzeitige Tendenz bremsen oder umkehren lässt. Anscheinend ist jedoch niemand zuständig. Das System stellt sich als Opfer einer drohenden Entwicklung dar, die eigentlich niemand will. Der Industrielle, der mit seiner Fabrik Luft, Flüsse und Erdboden verseucht, atmet schließlich wie jeder andere und hat ebenfalls Kinder ... Kurz, er ist selbst Opfer dessen, was er produziert. Doch neuerdings stellt man die Dinge so dar, als handle es sich um eine wenn auch abartige, so doch natürliche und unausweichliche Entwicklung, und als bliebe letztlich nur die Losung: »Rette sich, wer kann!«

Wie organisiert sich die Gesellschaft angesichts dieser Bedrohung? Wie effizient kann ein System überhaupt sein, das auf einer Drohung aufbaut? Als Psychoanalytiker wissen wir sehr wohl, dass Bedrohung auch einen Lustgewinn verschafft: Lust am Weltuntergang, Dekadenz und Zerstörung üben eine möglicherweise krankhafte, aber unleugbare Anziehungskraft aus, die Teil der Komplexität der Situation und des Menschen ist.

Die Illusionen der Vernunft

Diese Haltung wirkt sich auch auf die Erziehung aus. Nicht allen behagt der Gedanke an eine Jugend, die sich lustvoll die Zukunft erobert; die Vorstellung, man könne die Bedrohung auch auf »vernünftige« Weise instrumentalisieren, findet durchaus ihre Anhänger. In dem beruhigenden Bewusstsein, dass Eltern und Lehrer die Kinder sicher nie in der

Weise bedrohen, wie ein Staat den anderen bedrohen kann, ist die Versuchung groß, die Warnung vor künftigen Gefahren als erzieherisches Mittel einzusetzen – zum vermeintlichen Wohl der Jugendlichen.

Aus psychoanalytischer Sicht ist allerdings jeder Versuch einer Erziehung über Drohungen zum Scheitern verurteilt. Was als Präventivmaßnahme auf dieser Basis gedacht ist, führt oft zu kontraproduktivem Verhalten und läuft der ursprünglichen pädagogischen Absicht jedenfalls vollkommen zuwider. Als Erster stellte Freud in seinem Aufsatz *Jenseits des Lustprinzips* (1920) diese Überlegung an[7], in dem er den zentralen Begriff des »Todestriebs« einführte (der damals von subversiver Radikalität war, sich mittlerweile jedoch weitgehend eingebürgert hat): Man behält ein Verhalten, das schädliche, möglicherweise sogar tödliche Folgen haben kann, nicht deshalb bei, weil einem die drohende Gefahr nicht bewusst wäre, sondern weil man aus der Negativität des eigenen Verhaltens eine Befriedigung bezieht, die mit Lust im gängigen Sinn meist nichts zu tun hat – die »jenseits des Lustprinzips« liegt. Bekanntlich hat es wenig Sinn, jemanden vor den Gefahren des Rauchens, des Drogenkonsums oder überhöhter Geschwindigkeit zu warnen. Das heißt nicht, dass Aufklärung über diese Risiken überflüssig wäre, doch sie ist meist nutzlos, weil man sich den lebensgefährlichen Risiken ja bewusst aussetzt: Informationen sind, wie ein Mathematiker sagen würde, eine »notwendige, aber nicht hinreichende« Bedingung.

Kant war gegenteiliger Ansicht – ihm genügte *hinreichendes Wissen*. In seiner *Kritik der Urteilskraft* führt er ein Beispiel dafür an: Einem Mann wird gesagt, die Schöne, von der er träume, halte sich in einem Zimmer auf, zu dem er Zugang habe und wo er tun und lassen könne, was er wolle; aber wenn er es verlasse, erwarte ihn ein beinahe sicherer Tod. Der Philosoph behauptet nun, kein Mensch würde sich auf einen solchen Vorschlag einlassen, als stünde das außer Frage. Doch heute wissen wir, dass das Gegenteil der Fall ist: Viele fänden den Pakt als solchen sogar noch reizvoller als »die Schöne im Zimmer«.

Die Anhänger des Fortschrittsmythos glaubten, niemand würde sich bewusst und ohne zu zögern einer Gefahr aussetzen. Darüber hinaus glaubten sie, Erziehung und der Erwerb von Wissen würden den Weg in das von Kant ersehnte *Zeitalter der Aufklärung* ebnen. Wir erleben derzeit das Scheitern dieses Traums.

Schlimm genug, dass Bildung und Erziehung die Menschheit nicht vor Barbarei bewahren können, sie ermöglichen oft sogar noch schlimmere – und effizientere – Erscheinungsformen. Das Beispiel des »Dritten Reichs« zeigt das sehr deutlich: Wir alle wissen von den Schrecken des minutiös geplanten und effizient durchgeführten Genozids der Nazis an den Juden. Doch unseligerweise gab es noch mehr Völkermorde. Die Verschleppung und massenhafte Tötung der Schwarzen durch den Sklavenhandel, die Vernichtung der Indianer auf dem amerikanischen Kontinent, der Völkermord an den Armeniern – all das fand vor der Shoah statt. Das Entsetzen danach war offenbar nicht groß genug für ein »Nie wieder!«. Im Gegenteil, auf Hiroshima und Nagasaki folgten Pol Pots Genozid und wenig später die Tragödie in Ruanda usw. Die Liste ist lang, zu lang …

Unabhängig von den Opferzahlen stellt der Holocaust

jedoch einen entscheidenden Bruch dar. Das Entsetzen über diesen speziellen Massenmord ist umso größer, als in den Vernichtungslagern und Gaskammern des Dritten Reichs die zentrale Hoffnung der westlichen Welt mit vernichtet wurde: dass es dank einer höher entwickelten Vernunft, Intelligenz und Kultur möglich sei, die Welt von Barbarei zu befreien. Vergessen wir nicht, dass gerade Deutschland als Hort des rationalen Denkens, der Philosophie, der Kunst und Wissenschaft galt. Dass die Barbarei in diese Hochburg der westlichen Vernunft Einzug hielt, machte den Glauben an einen Sieg der Vernunft und der Aufklärung endgültig zunichte.

Der Westen hatte die weise Einsicht anderer Zivilisationen ignoriert, dass nämlich schon das Streben danach notwendig in totaler, dauerhafter Finsternis endet. Es spricht daher kaum etwas dafür, dass eine rein vernunftgeprägte Erziehung uns in das Reich des Friedens führen könnte. Erziehung und Bildung, verstanden als Ideologie der Emanzipation und als Instrument der Befreiung, trauern immer noch um diese verlorene Illusion. Die Kinderpsychotherapie ist, historisch gesehen, ebenfalls eng mit dem Untergang jenes Ideals verbunden: Die Pionierin des Fachs, Anna Freud, betrachtete eine Verbreitung der Kinderpsychotherapie bei als Mittel zur Schaffung einer Welt des Friedens und der Harmonie.

Heute sind wir weit von diesen Idealen entfernt. Psychologen, die mit Informationskampagnen zur Unfallverhütung betraut waren, wurde irgendwann klar, dass diese kontraproduktiv waren, weil Botschaften wie »Mit Höchstgeschwindigkeit in den Tod« oder »Eine todsichere Sache« möglicherweise eine unbewusste Versuchung darstellen.

Denn die Lust an der Geschwindigkeit kann durch den Hinweis auf den Tod eher noch gesteigert werden. Paradoxerweise kann deshalb also jede Warnung vor drohenden Gefahren unter Umständen dazu führen, dass die Risiken noch größer werden und es zu noch mehr Unfällen kommt. Leute, die Aids mittels Aufklärung eindämmen wollen, kennen diese Schwierigkeit: Jede Äußerung (selbst wenn man sie mit den besten Absichten trifft), die Tod und sexuelle Lust miteinander in Verbindung bringt, ist im besten Fall eine zweischneidige Waffe. Jugendliche, denen man erklärt, sie spielten mit dem Tod, wenn sie mit jemandem ins Bett gingen, werden noch häufiger nicht verhüten. Denn jede Vorstellung vom Absoluten, die den Tod mit dem sexuellen Akt in Verbindung bringt, bewirkt, wenn sie auch nur ansatzweise romantisch formuliert ist, dass man diesen Akt noch mehr ersehnt und noch intensiver erlebt.

Wer Aufklärung und Vorbeugung propagiert und glaubt, dass Vernunft das geeignete Mittel sei, um Tod, Schmerz und Leiden zu vermeiden, hängt dem kantischen Glauben an. Die Menschen, an die sich diese Botschaft wendet, können jedoch durchaus gegen ihr eigenes vitales Interesse handeln, dem zuwider, was ihnen letztlich die Vernunft gebietet – und das tun sie auch.

Vom Nutzen des Unnützen

Bei der Erziehung von Jugendlichen auf Drohungen zurückzugreifen ist daher sehr gefährlich. Ihnen zu sagen: »Wenn du nicht arbeitest, wenn du nicht gehorchst, wird dein

Leben bald eine einzige Katastrophe sein«, ist gefährlich. Denn man weiß nie, wo für jemanden die Grenze zwischen einer *angedrohten* und einer *garantierten* Katastrophe verläuft, mit anderen Worten, wann der Todestrieb einsetzt.

Wenn Erwachsene auf Drohungen zurückgreifen oder von Prävention sprechen, so tun sie es deshalb, weil ihrer Ansicht nach freudige Zuversicht derzeit nicht angebracht ist – schließlich geht es ums Überleben. Also meinen sie: »Später, wenn alles besser ist, können wir uns immer noch mit dem Leben und der Lebensfreude beschäftigen.« Eine fatale Annahme, denn nur in einer Welt der Zuversicht, des Nachdenkens, des Schöpferischen kann man Bindungen eingehen und das Leben sinnvoll gestalten. Doch in unserer Gesellschaft gelten nicht Wünsche etwas, sondern nur *Begierden*, die deren bescheidener Abklatsch sind oder allenfalls eine normierte und profane Version. In seinem Buch *Société du Spectacle*[8] bringt Guy Debord es auf folgenden Nenner: Wenn »die Leute nicht finden, was sie begehren, begnügen sie sich damit, zu begehren, was sie finden«.

Für unsere Gesellschaft käme es also darauf an, sich auf *zentrale Anliegen* zu verständigen, auf konkrete Praktiken, die über die Begierden von Einzelpersonen und die daraus resultierenden Bedrohungen hinausgehen. Über Erziehung Kultur und Zivilisation zu fördern, hieß immer und heißt nach wie vor, soziale Bindungen und gedankliche Zusammenhänge herzustellen. Drohungen dagegen verschärfen das Problem nur, denn sie ziehen die zwischenmenschlichen Beziehungen auf allen Ebenen in Mitleidenschaft. Indem man die jungen Leute für die Welt von morgen »wappnet«, schützt man sie nicht, sondern billigt und konsolidiert im

78

Gegenteil die Welt, vor der man sie angeblich schützen will.

Je weiter wir also unser isoliertes Nebeneinander treiben, je mehr wir individualisieren, desto gefährlicher machen wir diese Welt, desto mehr gewinnt die Notstandsideologie, gewinnen Gedankenlosigkeit und Hoffnungslosigkeit an Raum in unserem eigenen Leben. In einer solchen Welt wissen die jungen Menschen besser als ihre Erzieher, ihre Eltern und die Erwachsenen generell, wie sie sich »wappnen« und »schützen« können. Nicht zu ihrem Besten, denn es sind verhängnisvolle Waffen und Festungen, hinter denen sie sich verschanzen: Gewalt und Drogen, Selbstsabotage und Flucht in die Reizüberflutung.

Doch die Krise verdammt uns deshalb nicht zu einem reinen Zweckdenken, das ständig mit dem Schlimmsten droht; der einzige Ausweg liegt vielmehr darin, die tiefe, ontologische Nutzlosigkeit des Lebens, des Schöpferischen und der Liebe wiederzuentdecken und zur Entfaltung zu bringen. Die Zweckfreiheit der menschlichen Natur und des Lebens kann uns helfen, im Denken und Zusammenleben neue Verbindungsformen und Zusammenhänge zu entdecken.

Nach dem chinesischen Philosophen Tschuang-Tse »erkennen alle den Nutzen des Nützlichen, aber nur wenige den des Unnützen«. *Der Nutzen des Unnützen*, das ist der selbstverständliche Nutzen, den wir aus dem Leben, dem Schöpferischen, der Liebe, der Lust ziehen ... Das Unnütze bringt das hervor, was uns am meisten nützt: Es ist das, was man vielleicht auf Umwegen erschafft, ohne Zeitverlust zu fürchten und dem Trugbild der Effizienz nachzujagen, das sich die Gesellschaft zurechtgebastelt hat.

Zugegeben, ein solcher Standpunkt ist noch keineswegs Allgemeingut. In unserer Analyse wollen wir deshalb noch etwas weitergehen und auf die berechtigten Fragen von Patienten oder Angehörigen eingehen, die sich in ihrem psychischen Leiden Hilfe von Psychologen erhoffen. Nur allzu oft bringen deren Lösungsvorschläge die Betroffenen nicht weiter, sondern lassen sie eher noch verwirrter und hilfloser zurück. Warum hier Erwartungen und Antworten so weit auseinanderklaffen, erklärt sich nur, wenn man weiß, wie sehr der Zwang, Zukunftsprognosen zu stellen, und die beschriebene Erziehung im Zeichen der Bedrohung unsere therapeutische Arbeit beeinträchtigen.

Von der Diagnose zur Klassifizierung

In der heutigen Psychotherapie lässt sich eine deutliche Tendenz weg von der Prophylaxe hin zur *Vorschrift* bzw. *Anordnung* feststellen. In einer von Angst beherrschten Gesellschaft ist das nicht verwunderlich: Diese Entwicklung folgt mehr oder weniger logisch aus der Krise. Sie verleitet einerseits dazu, gesundheitspolitische Maßnahmen als disziplinarische Anordnungen zu begreifen (indem man mit Einschränkungen, Vorschriften, Kontrolle, Einweisung in Institutionen etc. arbeitet), die hauptsächlich darauf zielen, die (eingebildete) Angst der Gesellschaft vor den Jugendlichen zu verringern, sie im Endeffekt jedoch verstärken. Andererseits hat die Krise zur Folge, dass der Primat des Wirtschaftlichen im Gesundheitswesen immer mehr um sich greift, mit dem Ziel, durch eine »optimale« Nutzung der medizinischen Einrichtungen und des medizinischen Personals die Defizite der Kranken-versicherung zu reduzieren; daher der Druck, Behandlungen zu normieren.

Die Auswirkungen dieser Tendenz auf die Therapie sogenannter »Problemkinder« sind vielfältig; die wohl augenfälligste betrifft den Wechsel von einer Behandlungsweise, die, ausgehend von einer bestimmten Diagnose, ihren Schwerpunkt in der Begegnung und dem Gespräch mit dem Therapeuten sieht, hin zu einer Behandlung auf der Grundlage einer Vorabklassifizierung nach »Krankheitsbildern«. Dieser Wandel betrifft allerdings nicht nur die heutige Psychiatrie, weit gefehlt: Dieselbe Entwicklung – beziehungsweise Rückentwicklung – nach dem nordamerikanischen Modell lässt sich seit geraumer Zeit auch in allen anderen medizinischen Disziplinen beobachten. Dieses Modell empfiehlt den immer konsequenteren Verzicht auf eine diagnostische Medizin — die für den Geschmack einer rigiden Gesellschaft zu sehr von menschlichen Faktoren beeinflusst wird — und predigt stattdessen eine Medizin der Klassifizierung. In der Psychiatrie soll man dementsprechend die Klassifizierung der Krankheitsbilder in Anlehnung an das DSM (das vom APA = Verband der amerikanischen Psychiater herausgegebene *Handbuch für Statistik und Diagnose bei psychischen Erkrankungen*) zugrunde legen.

Will man begreifen, welche Auswirkungen diese Klassifizierungen auf die psychotherapeutische Praxis haben, muss man sich klarmachen, was es genau bedeutet, wenn ein Patient, der zuvor durch die Beziehung zum Therapeuten einer Diagnose überhaupt erst zugeführt wurde, nun von Anfang an in ein statistisches Raster gezwungen wird. Unserer Ansicht nach bedeutet dies keineswegs, wie manche meinen, einen Fortschritt in der psychotherapeutischen Behandlung Jugendlicher. Eine Behandlung auf Grundlage einer Klassifizierung ist deshalb problematisch, weil man an die eigentliche Begegnung mit dem Patienten bereits mit einer Art vorgefertigtem Wissen herangeht. Bislang mündeten die Begegnung zwischen Therapeut und Jugendlichem, gegebenenfalls auch dessen Angehörigen, und die im Anschluss gestellte Diagnose in eine Art gemeinsames Projekt. Nun soll der Therapeut anhand eines feststehenden Fragenkatalogs, der durch ein medizinisches Computerprogramm ausgewertet wird, das Krankheitsbild des Patienten ermitteln.

Ein anschauliches Beispiel dafür, wohin man sich mit einem solchen Ansatz verirren kann, bietet wieder einmal die Unfallverhütung im Straßenverkehr. Vor ein paar Monaten war im Radio ein Werbespot zu hören, in dem es sinngemäß hieß: »Heute werden bis Mittag drei Motorradfahrer auf der Autobahn tödlich verunglücken.« Demnach hätte der Radiohörer also in aller Ruhe das Motorrad warmlaufen lassen und die Nachrichten abwarten können. Wäre es schon bis circa elf Uhr zu drei tödlichen Motorradunfällen gekommen, hätte er sich anschließend getrost aufs Motorrad schwingen können, ohne jede Angst, die Fahrt nicht zu überleben … In der Praxis unserer Arbeit mit Kindern und Jugendlichen sind wir jedoch mit dem »vierten Motorradfahrer« konfrontiert, das heißt mit einzigartigen, unverwechselbaren Fällen, für die unser Wissen notwendig, aber nicht ausreichend ist. In diesem Sinn geht es, wenn man die groteske Seite unseres Beispiels einmal beiseite lässt, um eine grundlegende gesellschaftliche Entscheidung.

Eine klassifizierende Medizin im Dienst
der Wirtschaftlichkeit

Wir können nicht so tun, als genüge es, in unserer Arbeit einfach nur *effizient* zu sein. Hier tut sich ein regelrecht philosophisches Dilemma auf. Ist Wirtschaftlichkeit das Ziel, dann ist eine Behandlung auf der Grundlage von Vorschriften und Klassifizierungen sicher die beste Lösung: der Mensch als Wirtschaftsfaktor, die Welt als Ware. Wenn es uns aber darum geht, unsere Arbeit im Interesse unserer Patienten fortzuführen, ist eindeutig Widerstand gefragt: gegen die derzeitige Tendenz in der Gesellschaft, die uns abverlangt, den Patienten nur als nicht funktionierendes Element einer ausschließlich an Wirtschaftlichkeit orientierten Gesellschaft zu behandeln, ohne Rücksicht auf seine konkreten, individuellen Wünsche.

Im Namen des Ökonomismus sorgt unsere Gesellschaft sich um den Menschen und seine Gesundheit nur noch als gesellschaflichen Kostenfaktor. Weg vom Menschen in seiner Gesamtverfassung, hin zum Menschen als ökonomisches Subjekt – diesen grundlegenden Wandel sollen wir einfach hinnehmen, ohne dass er auch nur erkannt und benannt worden wäre, als sei die Ökonomie eine Art neue Natur.

Für uns ist jedoch offensichtlich, worauf eine rein nach Symptomen klassifizierende Medizin hinausläuft. Sie führt quasi automatisch zum Einsatz entsprechender Medikamente gegen das jeweilige Symptom und fördert damit vor allem einen therapeutischen Ansatz, wie ihn die Pharmaindustrie favorisiert, als sei die Rollenverteilung zwischen Ärzten, Forschern und Händlern aufgehoben und die psychiatrische Behandlung nur mehr ein Konsumartikel.

Es liegt uns fern, den Nutzen der psychopharmakologischen Forschung in Zweifel zu ziehen; wir kritisieren lediglich das Quasimonopol dieser wissenschaftlichen Richtung und die Tendenz, ihre Behandlungsmethoden anderen Forschungsrichtungen der Psychiatrie aufzuzwingen. Ebenso wenig lehnen wir den Einsatz von Psychopharmaka ab, die vielen Patienten sehr helfen; wir kritisieren jedoch die derzeitige Verschreibungspraxis und den übermäßigen Konsum solcher Mittel – ganz zu schweigen von dem Druck, der in diesem Zusammenhang von verschiedenen Seiten auf Ärzte wie Patienten ausgeübt wird.

Unser Eindruck ist schließlich, dass die klassifizierende Medizin den Arzt zu einer eingeschränkten Sicht auf seine Verantwortung verleitet, etwa nach dem Motto: »Wenn ich das Medikament X verschreibe, das laut Klassifizierungsschema dem Symptom Y entspricht, bin ich rechtlich gesehen nicht für eventuelle nachteilige Auswirkungen der Behandlung verantwortlich.« Oder: »Niemand kann mir vorwerfen, ich hätte den Patienten (in Wirklichkeit sein Symptom) nicht ordnungsgemäß behandelt ...«

Wie ein solches Verhältnis von Arzt und Patient aussehen würde – das hierzulande, im Gegensatz zu den Vereinigten Staaten, noch in den Bereich der Fiktion gehört –, lässt sich denken: Der Arzt ist vornehmlich damit beschäftigt, die Schublade zu finden, die am besten zu den Symptomen seines Patienten passt. Dieser wird nicht als vielschichtige, heterogene Person, sondern als reiner Symptomerzeuger betrachtet und vielleicht schon in der ersten Sprechstunde als möglicher Feind: Er (oder seine Familie) könnte uns verklagen, wenn wir es wagen, eine Diagnose zu stellen, die nicht auf den normierten Vorgaben beruht. Wenn wir aber den Patienten von vornherein, vielleicht schon vor der ersten Begegnung mit ihm, als Gegner oder Gefahr betrachten, können wir unseren Beruf nicht richtig ausüben.

Im Übrigen ist auch hierzulande bereits die Tendenz deutlich spürbar, den Arzt einer wirtschaftlichen Logik zu unterwerfen; der entsprechende Druck geht von den Weichenstellungen aus, die im Gesundheitswesen vorgenommen wurden und Ärzte dazu anhalten, *leistungsorientiert* zu arbeiten (Krankenhäuser sollen »rentabel« werden usw.).

Nimmt ein Arzt diese Vorgaben in Kauf, wird es für ihn sehr schwierig, sich seinem Patienten gegenüber loyal zu verhalten. Das kann er letztlich nur, wenn er sich von vornherein den vorherrschenden Tendenzen widersetzt.

Bleibt zu ergänzen, dass eine Medizin der Klassifizierung und Verordnung keineswegs wissenschaftlicher, sondern nur sehr viel wirtschaftlicher ist als andere Verfahren: Es geht um eine medizinische Instandsetzung nach wirtschaftlichen Gesichtspunkten. Das heißt nicht, dass man nicht so vorgehen darf; vielmehr müssen die Psychotherapeuten in Kenntnis der Sachlage einen Ausweg aus diesem Dilemma finden: Entweder engagieren sie sich mit ihren und für ihre Patienten, oder aber sie geben das Wesen ihrer Arbeit auf und wandeln sich zu reinen Spezialisten einer wirtschaftlich orientierten Medizin.

6 Ethik und Etikett

Diese Entwicklung hin zu einer klassifizierenden Medizin ist Teil einer umfassenderen Tendenz zur Schematisierung in der westlichen Kultur: Um die Wirklichkeit zu begreifen und gestalten zu können, wird sie in mathematische Formeln gepresst und systematisiert. Die Perversion dieser Entwicklung liegt darin, dass unsere Gesellschaft am Ende tatsächlich glaubt, die Realität müsse bestimmten Rastern, Schablonen und Theorien angepasst werden.

Man hat den Eindruck, dass Etiketten und Klassifizierungen, sind sie erst einmal aufgestellt, an die Stelle der Realität treten: Unser Verhältnis zur Welt wird ein Verhältnis zu Schablonen, die uns wie die wirkliche Welt erscheinen. Und durch diese Taxonomie wird alles, was nicht genau ins System passt, jeder Widerspruch und jede Unsicherheit, als »störend« empfunden. Wir beklagen, dass die Wirklichkeit, die Welt, alle Lebewesen und die Dinge an sich die missliche Tendenz aufweisen, nicht genau so zu sein, wie die Erkenntnistheorie sie gerne hätte, und nicht genau in den Käfig des Kästchendenkens zu passen. Und dabei haben wir ihnen diesen Käfig gebaut, damit sie, schlimmstenfalls, in seinen Grenzen bleiben oder, bestenfalls, hinter dem Konzept verschwinden, das sie beschreibt.

Andererseits liegt es auf der Hand, dass kein Wissen, kein Gedanke ohne Modelle, ohne Klassifizierung oder Differenzierung auskommt. Um die Beispiele aus der Praxis, die wir im Lauf dieses Kapitels schildern werden, zu verstehen, sollte man sich vielleicht Karl Marx in Erinnerung rufen, der dazu riet, die Sache der Logik nicht mit der Logik der Sache zu verwechseln …

Etikett und Vielschichtigkeit

In der Praxis zeigt sich dies etwa darin, dass man zwar sagen kann: »Zimmer 301 ist eine Zirrhose«, aber genauso gut, dass in diesem Krankenzimmer jemand an Zirrhose leidet. In der somatischen Medizin wird dieses Problem oft erörtert; auch wenn es nur selten gelöst wird, empfinden wir im Allgemeinen diese Identifizierung eines Menschen mit seiner Krankheit als Übergriff oder Verzerrung.

Im psychosozialen Bereich hingegen sind diese Fragen alles andere als klar. Sagen wir es so: Für den kranken Herrn Perez ist es relativ einfach, von seinem Etikett »Zirrhose« wegzukommen oder sich zumindest nicht darauf reduzieren zu lassen; er kann in seiner Vielschichtigkeit existieren und sich auf sie berufen, ohne mit seiner Zirrhose gleichgesetzt zu werden. Viel schwieriger, wenn nicht gar unmöglich ist es, das Etikett »Schizophrenie« oder »Behinderter« abzuschütteln. Im Gegenteil: Alles, was mit der so klassifizierten Person zusammenhängt, auch Dinge, die gar nichts mit der Diagnose oder Klassifizierung zu tun haben, wird unwillkürlich als Element, Symptom oder Zeichen eben dieser Klassifizierung gesehen und eingeordnet. Wenn ein schizophrener Mensch malt, ist das Bild, das er malt, das Werk eines Schizophrenen, wenn sich ein Mensch mit einer Behinderung in der Politik engagiert, wird er in erster Linie als »Behinderter, der politisch aktiv ist« betrachtet. In der gesellschaftlichen Wahrnehmung ist es vor allem das Etikett, das die Existenz der Menschen, die etikettiert werden, bestimmt.

Letztlich führt die Frage des Etiketts auf die Norm (das heißt, auf die soziale Norm, die wir schon ansatzweise analysiert haben) zurück und darauf, welche Rolle sie in unseren Kulturen spielt. Normal ist sozusagen, was »man nicht sieht«, was die Etikettierung nicht sprengt. Zum Beispiel würde niemand eigens betonen, dass der französische Präsident ein »Mann« ist, aber die Tatsache, dass in Indien eine Frau den Posten des Premierministers übernahm, gab auf der ganzen Welt Anlass zu Kommentaren. Genauso wenig würde sich jemand darüber entrüsten, dass der Innenminister »heterosexuell« ist; wenn aber der Bürgermeister einer großen Stadt »homosexuell« ist, finden die Leute das sehr wohl erwähnenswert – ob im Positiven oder Negativen, tut hier nichts zur Sache.

Stellt man sich also die Norm als eine Art schweifenden, alles gleichmäßig erfassenden Blick vor, dann ist das normal, woran der Blick nicht hängenbleibt, das, was man unter »keine besonderen Vorkommnisse« verbuchen würde. Der Blick beziehungsweise das, was sich ihm darbietet, das, was man sehen und übersehen muss, bestimmt aus anthropologischer Sicht die wesentlichen Elemente jeder Kultur und die Grenzen, die nicht überschritten werden dürfen. Diese Elemente mögen im Einzelnen sehr unterschiedlich sein, aber der zugrunde liegende Mechanismus ist immer derselbe: Ein Blick, der versucht, mehr zu sehen, als der andere ihm zeigen will und als die jeweilige Kultur als vorzeigbar empfindet, überschreitet die Grenzen der »Korrektheit«, wirkt obszön, geht zu weit.

Nehmen wir das Beispiel der afghanischen Gesellschaft. In ihren Reportagen über Afghanistan, die im Januar 2002 in der französischen Tageszeitung *Libération* veröffentlicht wurden, schilderte die Journalistin Florence Aubenas, worauf Männer und Frauen dort bei den Frauen achten, die die obligatorische, den Körper vollständig bedeckende Burka tragen. Die Frauen antworteten, dass sie auf die Hände achten: Ein Blick auf die Hände zeigt ihnen, wie diese Frau ist, ob alt oder jung, gepflegt oder ungepflegt ... Letztendlich lesen sie an den Händen all das ab, was Frauen in jeder Kultur sehen wollen und was in der inneren Wahrnehmung den Grenzen dessen unterworfen ist, was man »sehen lassen« darf.

Die afghanischen Männer dagegen gaben an, dass sie ihren Blick auf die Fesseln richten. Die Frauen stehen daher in einer Art Strumpfwettbewerb: Sie wissen, dass die Strümpfe das sind, was sie von sich zeigen können. Den Strümpfen kommt die universelle Funktion zu, eine Vorstellung dessen heraufzubeschwören, was verborgen ist, was nicht gezeigt werden darf und wovon man in der Öffentlichkeit kaum einen flüchtigen Blick erhaschen darf.

Angesichts der Unterdrückung der Frauen in Afghanistan mag dieses Beispiel provokant erscheinen. Unsere Absicht aber ist sehr »friedlich«; es geht uns lediglich darum, den Zusammenhang zwischen Norm und Blick darzulegen, der für jede soziale Norm gilt, auch wenn es erhebliche Unterschiede gibt. Unter anderen Vorzeichen verläuft der Vorgang im Westen genauso. Nehmen wir zum Beispiel den Minirock:

Durch das, was man sieht, wird die Fantasie auf das Nicht-sichtbare gerichtet. Genau das verleiht FKK-Stränden einen ausgesprochen puritanischen Beigeschmack. Die Nacktheit der Körper dort ist keineswegs erotisch, ganz im Gegenteil, diese Nacktheit sagt unmissverständlich: »Gehen Sie wei-ter ... hier gibt es nichts zu sehen!« Eine ganz andere, ero-tische Nacktheit ist die der Tänzerin (oder des Tänzers), die durch verführerische Bewegungen erahnen lässt, in welche Verzückungen sie geraten könnte, die dem Zuschauer aber verborgen bleiben. Es wird heraufbeschworen, was an einem anderen, privaten Ort geschehen könnte.

Dieser Mechanismus – worauf man blickt, was man sieht und was man zeigt – bestimmt in jeder Gesellschaft den res-pektvollen Umgang miteinander und mit sich selbst. Denn in den Augen der anderen kein durchsichtiges Objekt zu sein, macht soziales Verhalten erst möglich. Die Trennung zwi-schen öffentlicher und privater Sphäre ist die Grundlage je-der Gemeinschaft; sie kann verschiedene Formen annehmen, aber die Grundstruktur bleibt gleich.

Die Dynamik des Blicks auf den »anderen«

Das Etikett erweckt den Eindruck, man habe durch Zuord-nung und Diagnose das eigentliche Wesen des Menschen sichtbar gemacht. Aus genau diesem Grund ist eine Etiket-tierung auf psychosozialer Ebene so problematisch: Wir sehen mit normierendem Blick.

Fällt unser Blick zum Beispiel auf einen Behinderten, sehen wir in der Regel ein Etikett, das ihn völlig abdeckt und ihn gesellschaftlich hinter diesem Etikett verschwinden lässt. Fährt jemand im Rollstuhl, begegnet er den fragenden und verlegenen Blicken der anderen: Sie versuchen entweder, seinem Blick auszuweichen, oder sie begegnen ihm mit übertriebenem »Respekt«. Der Blick ist deshalb verlegen, weil der andere, der sich sitzend fortbewegt, uns etwas zeigt, was wir für sein eigentliches Wesen halten, nämlich sein »Etikettenwesen«, etwas, was jeder verbirgt und das, wie wir alle wissen, die Grenzen des öffentlichen Blicks überschreitet; im übertragenen Sinne ist es etwa so, als sähen wir jemanden in erzwungener Nacktheit. Deshalb empfindet man diesen Blick auch als etwas Obszönes.

Diese in allen Kulturen hoch kodifizierte Dynamik des Blicks wird jedem schon als Kind vermittelt. So erlebt man oft, wie ein Kind einen Behinderten oder eben einen Menschen ansieht, der irgendein Zeichen der Andersartigkeit trägt: Das Kind starrt ihn an, und der Erwachsene erklärt ihm daraufhin die Grenzen des Blicks: »So darf man jemanden nicht anschauen.« Der andere ist sehr wohl da, das Kind kann ihn sehen, aber es ist hier wie mit den Schamzonen des eigenen Körpers: Es muss lernen, nicht auf das zu sehen, was man nicht sehen darf, oder so zu tun, als sähe es nicht, was der andere ihm ungewollt zeigt.

Hierin liegt die »magische Kraft« der Etiketten: Sie vermitteln den Eindruck, das Wesen des anderen sei sichtbar. Er ist keine widersprüchliche, vielschichtige Persönlichkeit mehr, die sich im Spiel von Licht und Schatten, Verhüllung und Enthüllung bewegt, sondern wir sehen und erkennen ihn »auf einen Blick«. Wir glauben, alles über ihn zu wissen, seine Wünsche und alle Aspekte zu kennen, die sein Leben ausmachen, denn das Etikett ist nicht nur mit einer Zuordnung verbunden, sondern gibt dem Leben desjenigen, der es trägt, in den Augen der anderen einen Sinn, eine Art Ordnung. Was wissen wir also wirklich über den anderen, wenn wir sein Etikett kennen? Das ist die Kernfrage, wenn Sehen und Wissen, wie es die Etymologie nahelegt, ineinander übergehen.

In unseren Gesellschaften ist diese Dynamik ganz besonders komplex, denn *das Recht, hinzusehen,* ist mit der Ausübung von Macht über den anderen verbunden. Wir wissen, dass eine Familie, die das Etikett »Problemfamilie« trägt, akzeptieren muss, dass man sie »in Augenschein nimmt«: Menschen, die von Berufs wegen mit ihr zu tun haben (Richter, Psychologen, Erzieher, Sozialarbeiter), haben ein Recht auf Einblick in ihre Privatsphäre. Wer sich von der Norm entfernt oder ihre Grenzen überschreitet, verliert in unseren Gesellschaften in erster Linie seinen Anspruch auf Privatsphäre und Intimität. Mit anderen Worten: Das Recht auf eine gewisse *Nichtsichtbarkeit,* auf eine Art privater Undurchschaubarkeit ist Teil eines Privilegs; es ist ein Recht, das man sich verdienen muss und das man verlieren kann, sobald man sich auf die eine oder andere Art von der sozialen Norm entfernt. In diesem Fall ist man dem Blick des anderen ausgesetzt. Es gibt unzählige Gründe, zur Menge derer zu gehören, die von der Norm »abweichen« und deshalb den Blicken der Öffentlichkeit ausgesetzt sind: ein Unfall, der eine Behinderung nach sich zieht, eine Straftat, Schwierigkeiten im eigenen Leben, eine genetische Krankheit …

Noch einmal: Das Problem liegt darin, dass wir, wenn wir ein Etikett sehen, zu Unrecht glauben, alles über den Menschen zu wissen, der es trägt. Um der gesellschaftlichen Hoffnungslosigkeit beizukommen und in der psychologischen Praxis dem anderen zuhören und helfen zu können, müssen wir zunächst an uns selbst arbeiten und die Menschen unabhängig von Etikettierungen sehen. Aber das allein reicht natürlich nicht; darüber hinaus muss man diesem anderen, sei es ein einzelner Patient oder eine Familie, helfen, sich von diesem Etikett abzugrenzen, mit dem er sich oftmals selbst identifiziert und das er manchmal als seine Art betrachtet, in der Welt zu sein.

Etikett und Determinismus

Wir wissen jetzt, dass die Etikettierung eines Menschen in gewisser Weise einem unentrinnbaren Schicksal gleichkommt. Gegen seinen Willen ist man plötzlich in einer Art gesellschaftlichem und persönlichem Determinismus gefangen: Unsere Wünsche, unsere Zukunft, alles, was wir uns erhoffen und was wir erreichen möchten, ist Teil eines schon feststehenden, auch statistisch untermauerten Wissens, das uns unserer eigenen Ungewissheit beraubt, die doch eine Grundvoraussetzung für die Freiheit jedes Menschen und jeder gesellschaftlichen Gruppe ist.

Diese soziale Fixierung, die oft auch in die Sprechstunde des Psychologen Eingang findet, ist Teil unserer sichtbaren, öffentlich gewordenen Geschichte. Denn *Sichtbarkeit* bedeutet immer auch Festlegung und Schicksalhaftigkeit. Gleichzeitig ist ein solcher Determinismus ein eindeutiger Akt der Gewalt gegenüber den Menschen, die durch die Etikettierung in den Bereich des Sichtbaren katapultiert werden. Es erweist sich nämlich, dass das, was von einem Menschen sichtbar wird und das Wissen über ihn prägt, letztlich von ihm verinnerlicht und akzeptiert wird. Bewusst oder unbewusst weiß dieser Mensch, dass die Gesellschaft von ihm eine Identifizierung mit seinem Etikett erwartet, und zwar ohne jeden Widerspruch, da ihm ja sonst nicht »geholfen« werden kann. Die einzige Möglichkeit des Widerstands gegen Etikettierung und normierendes Wissen besteht für denjenigen, der als Person existieren möchte, oft in der Gewalt gegen andere, gegen sein eigenes Milieu und gegen sich selbst.

Die Erfahrung zeigt aber, dass vor allem die kollektive Aktion es ermöglicht, diesem Determinismus zu entkommen. Bei gesellschaftlichen Minderheiten, die sich mit einer Mischung aus Widerstand und Konstruktivität einen neuen Platz im sozialen Normengefüge errungen haben, kann man das deutlich sehen. So zum Beispiel bei den Homosexuellen, die nicht nur Blicken und Debatten ausgesetzt waren, sondern unterdrückt wurden, »zu ihrem Wohl« zwangsbehandelt, ja ausgelöscht werden sollten. Sobald ein »Homosexueller« als solcher identifiziert war, machte das Etikett ihn sichtbar, das heißt, er wurde in Bezug auf die Norm festgelegt: Was immer er tat, wurde als Symptom gedeutet, und dieses Symptom fixierte den Menschen auf eine pathologische Eindimensionalität, die ein Wissen über ihn und sein Schicksal ermöglichte. Und dieses Wissen brauchte man keineswegs mit der betroffenen Person teilen, wertete das Etikett sie doch als Gesprächspartner ab: Es gab Menschen, die an seiner Stelle über ihn Bescheid wussten.

Genau diese Logik haben die Homosexuellen durch

ihren Widerstand, ihre Aktionen und Veröffentlichungen durchbrochen. Schritt für Schritt haben sie sich vom Objekt zum Subjekt des Diskurses gemacht, haben die vorherrschende heterosexuelle Norm kritisiert und hier eine Verschiebung bewirkt. Indem sie das Wort ergreift, wird die Gruppe als solche jedoch weder eindeutiger noch transparenter. Ganz im Gegenteil: Diese Veränderung bewirkt, dass man sie in ihrer Vielschichtigkeit wahrnimmt. Für die Gruppe und jedes ihrer Mitglieder bedeutet das, dass die Gesellschaft ihnen etwas zugesteht, was sich nicht auf ein Etikett reduzieren lässt, denn Vielschichtigkeit heißt eben nicht, dass ein einzelnes Element für das Ganze steht. Paradoxerweise wird ihnen gerade dadurch, dass sie kommunizieren, ein Anspruch auf eine gewisse Privatsphäre und Undurchschaubarkeit zuteil, die ihrerseits ja die konkrete Basis jeglicher Subjektivität im Diskurs ist.

Auch das erfreuliche und schöne Beispiel der »Gehörlosenkultur« beleuchtet diese Dynamik. Bekanntlich wurden Gehörlose oft rigoros unterdrückt: Fünfzehntausend »Taubstumme« wurden von den Nazis zwangssterilisiert, und in demokratischen Ländern wie Schweden oder den USA erlitten manche dasselbe Schicksal. Ihre Sprache, die Zeichensprache, wurde verboten, bestenfalls riet man ihnen, die Lautsprache zu lernen, damit man sie als »akzeptable Behinderte«, die versuchten, der Norm zu entsprechen, tolerieren konnte. Indem sie den Begriff der »Gehörlosenkultur« geprägt und somit gegen die Normierung angekämpft haben, haben sie uns vieles gelehrt. Unter anderem, dass eine subjektive, also besondere Art, die Welt wahrzunehmen, konkret auch zu einer ganz eigenen Vorstellungswelt führt. Denn der

Gehörlose definiert sich keineswegs durch das, was ihm fehlt; er ist ein Mensch, der seine Umwelt anders sieht und erlebt als der, der hören kann. Und so ist die Zeichensprache nicht etwa eine Krücke, die die wunderbare Sprache derer ersetzt, die hören können, sondern es ist schlicht eine andere Sprache. Und bekanntlich ist Sprache nicht nur ein simples Kommunikationsmittel, sondern eben auch ein kreatives Denksystem, das eigene Konzepte, Wahrnehmungen und Affekte hervorbringt.

In diesem Sinn darf auch die soziale »Integration« der Gehörlosen nicht als Entgegenkommen der »Normalen« gegenüber den »armen Behinderten« verstanden werden, sondern eher als Bewusstseinserweiterung durch eine andere konzeptionelle, künstlerische und menschliche Sensibilität: In Kombination mit der vorherrschenden Kultur der Hörenden bereichert die Kultur der Gehörlosen die Gesellschaft. Und so ist das Etikett »gehörlos«, das den Menschen früher in eng deterministischer Weise definierte (in dem Sinn, dass auf die Frage: »Was wünscht sich ein Gehörloser?« die normierende Antwort lautete: »Er wünscht sich, hören zu können!«), jetzt einer neuen, lebendigen Vielfalt gewichen. An die Stelle des bestimmenden Blicks auf den Gehörlosen, der uns glauben ließ, etwas über ihn zu wissen, tritt nun Undurchschaubarkeit, die Denkprozesse in Gang setzt.

Diese Beispiele zeigen, inwiefern soziale Etikettierung Ausdruck des ständigen Bemühens ist, zu normieren und zu standardisieren. Nun ist es aber in einer demokratischen, nicht versteinerten Gesellschaft möglich, dass Etiketten und Definitionen sich weiterentwickeln, verändern oder ganz verschwinden. An diesem Punkt wird sich in unseren westlichen Kulturen ganz wesentlich entscheiden, ob sie der großen Versuchung widerstehen können, plurales und widersprüchliches Wissen durch technisch-wissenschaftliches Wissen zu ersetzen. Unsere Zeitgenossen tun sich schwer mit dem Gedanken, dass ein Mehr an wissenschaftlichem Wissen über das Leben und die Gesellschaft die Vielfalt nicht ersetzen darf. Die Behauptung der Vielfalt wiederum sollte nicht als Ignoranz im Sinne von Fortschrittsfeindlichkeit verstanden werden, sondern als Forderung, Wissen, wie es Wissenschaft und Technik hervorbringen, und ein Wissen anderer Art nebeneinander bestehen zu lassen.

Um es deutlich zu sagen: Unser Widerstand gegen die kritiklose Wissenschaftsgläubigkeit richtet sich nicht gegen die wissenschaftliche Forschung. Er trägt im Gegenteil zu deren Entwicklung bei, denn er befreit sie von der übertriebenen Erwartung, für die Zukunft der Gesellschaft verantwortlich zu sein. Unsere Gesellschaft leidet heute ganz offenkundig unter mangelnder Reflexion und einem Sinnverlust, doch geht es nicht darum, der Wissenschaft und der Technik den Vorwurf zu machen, sie wollten das Denken und den Sinn monopolisieren. Vielmehr müssen Orte und Praktiken gefunden werden, um diese Lücken zu füllen und die Entwicklung der Technikwissenschaften kritisch zu begleiten.

Wenn also Wissen und das, was gesehen werden darf, in jeder Kultur auf grundlegenden Verboten beruhen, müssen wir begreifen, dass die Wissenschaft lediglich Mechanismen erklärt, uns aber keineswegs davon entbindet, über diese Mechanismen nachzudenken.

Eine neue Praxis der Vielfalt

Wenn wir die Wirklichkeit als dunklen Kontinent bezeichnen, dann tragen Erziehung, Rehabilitation, Heilung, Rückführung auf die Norm (oder wie man es nennen will) dazu bei, ihn »durch und für die Vernunft und das Gute« zu erobern. Die Eroberung des dunklen Kontinents ist eine gängige Metapher für die (nur allzu verbreitete) gesellschaftliche Haltung der Normierung, Überwachung und Bestrafung des Andersartigen. Bezogen auf eine Geisteskrankheit konnte dieses »andere« der Verrückte sein oder jemand, der von der Norm abweicht, mit Blick auf die Erziehung derjenige, der die vorherrschende Kultur nicht kennt. Als »andere« galt auch die Frau, die mit dem dunklen Kontinent gleichgesetzt wurde. Dieses Dunkle jedenfalls, das der alles durchdringenden Vernunft unzugänglich ist, bringt unsere Gesellschaften mit dem Fremden, »Barbarischen« in Verbindung, mit diesem radikal anderen, dessen bloße Existenz das Überleben unserer Kulturen gefährdet.

Etymologisch stammt das Wort »Barbar« aus dem griechisch-römischen Kulturkreis und bezeichnet jemanden, der mit Sprache und Sitten nicht vertraut ist und somit die drei wichtigsten Gebote der Kultur nicht einhalten kann: Er isst, was verboten ist, oder isst jedenfalls nicht wie ein *zivilisierter* Mensch, seine sexuellen Beziehungen oder die Art und Weise, wie er seine Sexualorgane gebraucht, sind nicht *normal*, und er beherrscht die Sprache der Zivilisation nicht – verallgemeinernd gesagt, er beherrscht überhaupt keine Sprache. Aber ein Barbar ist nicht nur jemand, der die kulturellen

Grenzen von außen gefährdet, sondern auch ein Mensch, der sich innerhalb der Kultur nicht anpasst und deren gesellschaftliche Normen nicht akzeptiert. Zugleich ist er derjenige, der lustvoll Verbotenes tut und sich dabei jeder Kontrolle entzieht.

So betrachtet steht jeder »von der Norm abweichende« oder »anormale« Mensch wie der Barbar unter Verdacht, seine Sinnenlust nicht unter Kontrolle zu haben, oder man ist der Meinung, er habe sich jeglicher Sinnenfreude zu enthalten. Eine Kultur definiert sich zweifellos dadurch, inwieweit sinnliche Genüsse eingeschränkt werden, woran sich weder der Barbar noch der von der Norm Abweichende hält (wobei deren Beweggründe natürlich gänzlich verschieden sind). Jeder, der mit psychosozialen Zusammenhängen mehr oder weniger vertraut ist, erkennt in diesen drei »Abweichungen« (im Hinblick auf das Essen, die Sexualität und die Sprache) die Grundprinzipien, nach denen in unserer Kultur beurteilt wird, ob jemand von der Norm abweicht oder gar krank ist.

Natürlich kann der Behinderte sprechen, so wie der Psychotiker auch, aber das, was sie sagen, gilt, gefiltert durch Raster und Etikett, nicht mehr als Sprache, sondern nur mehr als Symptom. Als Therapeuten, die beruflich mit diesen Menschen arbeiten, versuchen wir ganz entschieden, diese disziplinierende und normierende Sicht der Dinge zu überwinden. Wir sehen unsere Aufgabe nicht darin, anhand von Klassifizierungen Defizite zu konstatieren; wir versuchen im Gegenteil, zusammen mit unseren Patienten die Möglichkeiten jedes Einzelnen auszuloten oder, besser gesagt: die Möglichkeiten, die jeder für sich nutzen kann, wenn er die

Eindimensionalität des Etiketts hinter sich lassen kann und seine Vielschichtigkeit zum Vorschein kommt. Gleichzeitig verlangt dieser Ansatz, sich intensiv auf den Patienten einzulassen: Wir können jemandem, der in unsere Sprechstunde kommt, nicht helfen, seine Eindimensionalität wirklich zu überwinden, wenn wir uns selbst hinter dem Etikett des Fachmannes oder der Fachfrau verschanzen.

Das bedeutet keineswegs, dass der Arzt sein Fachwissen und die ihm zur Verfügung stehenden Techniken außer Acht lässt oder falsche Symmetrien zu seinen Patienten herstellt. Es heißt vielmehr, dass er gemeinsam mit ihnen einen Weg beschreitet, von dem einige Abschnitte bekannt sein mögen, dessen Richtung und Verlauf er aber nicht kennt (und nach unserem Verständnis auch gar nicht kennen kann).

Symptom und Seinsweise

Die Menschen, die uns aufsuchen, kommen zwar meist aus eigenem Antrieb, aber doch nur beschränkt freiwillig; tatsächlich ist es schwierig herauszufinden, inwiefern ihr Bedürfnis auf normierende oder sonstige Zwänge zurückzuführen ist. Unsere Patienten klagen also über ein oder mehrere störende Symptome, die sie mit unserer Hilfe wieder loswerden wollen, um weiterleben zu können. Das klingt denkbar banal, wenn man davon absieht, dass man psychische Symptome nicht mit denen einer akuten Blinddarmentzündung vergleichen kann (ganz zu schweigen von solchen, die vom gesellschaftlichen Unbehagen herrühren, aber der Psyche angelastet werden).

In der Psychologie arbeitet man hauptsächlich mit Metaphern und metaphorischen Hypothesen, denn die Theorien und Kategorien, mit denen die psychische Funktionsweise eines Menschen beschrieben werden, gibt es nicht »an sich«, sodass man nur nachschlagen müsste und sie fallweise anwenden könnte. Das Gegenteil trifft zu: Wir arbeiten mit etwas, wovon wir nicht wissenschaftlich belegbar sagen können, was es eigentlich ist, auch wenn uns das nicht zu agnostischer Subjektivität verdammt. Unsere Hypothesen können sich sehr wohl als »fruchtbar« erweisen, das heißt, dass sie in der praktischen Arbeit ihre Aufgabe erfüllen.

Der Patient redet nun allerdings selbst von etwas, das wir als Symptom betrachten sollen, oder zumindest sind wir angehalten, mit verschiedenen Mitteln das zu diagnostizieren, was man in unserem Fach als Symptom bezeichnet. Hier aber stellt sich ein weiteres Problem: Was soll man mit diesem Symptom anfangen? Muss man es um jeden Preis aus der Welt schaffen? Die Antwort ist nicht so einfach, wie es scheint. Was der Patient Symptom nennen mag, ist gleichzeitig ein - oft wichtiges - Element dessen, was wir allgemeiner als seine Art, in der Welt zu sein, bezeichnen könnten oder, um mit Heidegger zu sprechen, als sein Dasein. Das bedeutet, dass man nicht von einem hypothetisch gesunden Menschen sprechen kann, dessen Gesundheit nur von einer Reihe von Symptomen überlagert wird.

Unser Hauptanliegen ist deshalb nicht, diese Symptome schnellstmöglich zu beheben, sondern eher zu versuchen, ihre Bedeutung aus der Vielschichtigkeit des jeweiligen Menschen heraus zu verstehen. Anders ausgedrückt, möchten wir bei unserem Ansatz Sartres berühmtes Prinzip des

Existenzialismus zum Ausgangspunkt nehmen: »Die Existenz geht dem Wesen voraus.« Die von Natur aus widersprüchliche und komplexe Vielschichtigkeit der Existenz (die sich nie auf ein Etikett reduzieren lässt) geht dem Symptom oder dem besonderen Wesenszug voraus; wird das Symptom oder das Wesensmerkmal dagegen erst einmal als solches anerkannt, wird der Mensch nun umgekehrt auf ein Teilwesen reduziert (»Sie ist magersüchtig«, »Er ist schizophren« usw.).

Gehen wir noch einen Schritt weiter: Im Gegensatz zur Überzeugung mancher Psychologen lässt die Tatsache, dass ein Patient ein Symptom wirklich als störend empfindet und ernsthaft versichert, es nicht mehr haben zu wollen, keineswegs den Schluss zu, dass er sich in der widersprüchlichen Vielschichtigkeit seiner Persönlichkeit dieses Symptoms tatsächlich entledigen möchte. Deshalb dürfen wir die Menschen nicht »beim Wort nehmen«: Auch wenn alles, was sie sagen, »glaubhaft« wirkt, ist es doch nur ein Teil dessen, was sie sagen könnten. Wir alle kennen Drogenabhängige oder Alkoholiker, die immer wieder die Dinge tun, die ihnen schaden, und gleichzeitig ernsthaft behaupten, sie wollten damit aufhören ... Man würde es sich zu leicht machen, wenn man glaubte, der Mensch fühle sich in seiner ganzen Vielschichtigkeit an das gebunden, was er gesagt hat – auch wenn es aufrichtig gemeint war.

Psychologen, die Macht über ihre Patienten ausüben wollen (die Macht des Heilens nämlich), mag ein solcher Standpunkt nicht behagen. Doch ein situationsbezogener Ansatz kann sich nur aus dem therapeutischen Anspruch heraus entwickeln, eine »gemeinsame Basis« mit dem Patienten zu schaffen, gemeinsam etwas zu erarbeiten und auf diese

Weise von Anfang an zu vermeiden, dass der Arzt die Position des Subjekts gegenüber einem reparaturbedürftigen Objekt einnimmt. Ziel einer psychiatrischen Behandlung kann also keinesfalls nur sein, Symptome auszuschalten (von einigen wenigen Ausnahmefällen abgesehen, stellt sich auch die Frage, ob das überhaupt machbar wäre). Die Therapie muss der Vielschichtigkeit jedes Menschen Rechnung tragen und berücksichtigen, welche Funktion seinem Symptom in diesem größeren Zusammenhang zukommt.

Das heißt im Umkehrschluss natürlich nicht, dass man die Beschwerden, die ein Symptom verursacht, nicht ernst nimmt, so wie es folgender Witz thematisiert, den man sich in Frankreich und Argentinien erzählt (wo die Psychoanalyse sehr verbreitet ist): Sagt jemand zu seinem Freund: »Sag mal, du gehst doch jetzt schon seit zehn Jahren in die Analyse!« Der Freund entgegnet: »Weißt du, mit vierzig habe ich nachts immer noch ins Bett gemacht, da hab ich mir einen Therapeuten gesucht.« Der andere fragt: »Und wie geht's dir jetzt, nach zehn Jahren?« Darauf sein Freund: »Natürlich mache ich nachts immer noch ins Bett, aber jetzt ist mir das völlig egal!«

Es geht also keineswegs darum, das Ausbleiben wünschenswerter Veränderungen bei unseren Patienten schönzureden, sondern darum, dass wir uns als Therapeuten die Frage stellen, welchen Sinn diese Veränderung hat und worauf sie gründet. Vor ungefähr zehn Jahren, am Anfang der sogenannten »Integration«, als es unter anderem darum ging, Behinderte in die Regelschule aufzunehmen, erzählte uns ein berühmter französischer Psychiater die in unseren Augen recht anschauliche Geschichte eines Mädchens, das an

Epilepsie litt. Die Kleine hatte täglich fünf bis sechs Anfälle, und nachdem sie in die Grundschule kam, halbierte sich diese Zahl. Für das Mädchen zweifelsohne ein sehr erfreuliches Ergebnis. Wirkliche Integration würde von unserem Standpunkt aus betrachtet jedoch so aussehen, dass dieses Mädchen, unabhängig von der Zahl seiner Anfälle und selbst für den Fall, dass diese sich noch häufen sollten, die Schule auf jeden Fall weiter besuchen könnte. Denn wir wünschen uns eine Schule, in der es nicht darum geht, »stark« zu sein, sondern in der man weder stark noch schwach ist – eine Schule, in der alle zusammen lernen, mit den dem Leben eigenen Unsicherheiten zurechtzukommen.

Wir sind der Meinung, dass Integration und Heilung nur dann möglich sind, wenn der Mensch in seiner Vielschichtigkeit wahrgenommen und akzeptiert wird. Das gilt nicht nur für Menschen, die Probleme haben, sondern auch für diejenigen, die sich als »normal« betrachten; sie sollten das schreckliche, mit vielen Schmerzen verbundene Etikett des »Normalen« ablegen und die vielen verschiedenen Aspekte dieses unberechenbaren Lebens ausleben können. In unserer von Härte und Hoffnungslosigkeit gekennzeichneten Gesellschaft fragen wir uns, warum Menschen scheitern, und bezeichnen sie als »schwach«; dabei sollten wir, wie uns scheint, eher das hinterfragen, was gemeinhin als »Erfolg«, ja »Triumph« anerkannt wird.

Damit sind wir beim Thema Machtausübung. Denn dort, wo niemand hinsieht, im Normbereich »ohne besondere Vorkommnisse«, leben eine ganze Reihe von Menschen in der ständigen Angst, »stark sein«, einer Sache »gewachsen sein« zu müssen. Nun ist aber in einer Gesellschaft mit negativer Zukunftserwartung ein Triumph mindestens ebenso bedenklich wie ein Misserfolg, denn man zahlt dafür einen hohen Preis: Trostlosigkeit, Härte, die Tatsache, dass Menschen Angst haben müssen, selbst eines Tages zu denen zu gehören, die nicht mehr mithalten können. Zu »siegen« setzt voraus, dass man sich von der eigenen Verletzlichkeit und Komplexität abspaltet. Und »scheitern« heißt, in bitteren Rache- und Neidgefühlen zu versinken: Es sind zwei Seiten ein und derselben Medaille.

Der Fall des kleinen Kaisers

Das Beispiel eines Patienten, mit dem ich (M.B.) viele Jahre gearbeitet, dessen Gedanken und Emotionen ich geteilt habe, trägt vielleicht dazu bei, das bisher Dargelegte zu verdeutlichen.

Vor vielen Jahren kam der zehnjährige Marc zur Sprechstunde in die Klinik. Seine Familie machte sich, wie es oft der Fall ist, große Sorgen. Auslöser für den Besuch war ein Zwischenfall im Ferienlager gewesen, wo ein bis dahin eher toleriertes Verhalten sich plötzlich mit aller Wucht Bahn brach.

Dieser Junge suchte mich also gemeinsam mit seinen Eltern auf (denen man, wie den meisten Eltern, die ihr Kind in eine psychiatrische Klinik bringen, neben der Sorge um ihren Nachwuchs auch die unterschwellige Angst anmerkte, verurteilt zu werden: »Sind wir überhaupt gute Eltern? Wird man nicht sagen, wir hätten bei der Erziehung unserer Kinder so sehr versagt, dass sich jetzt die Gesellschaft um ihr Wohl kümmern muss?«). Sie berichteten mir, Marc habe sich im Ferienlager geweigert, sich vor den anderen Kindern nackt zu waschen. Dann erzählte Marc, er dusche auch zu Hause nur mit einer Art dünnem Overall und seife sich auch durch den dünnen Stoff hindurch ein. Er erwähnte ferner, dass die Jugendleiter in dem Ferienlager ausgesprochen beunruhigt gewesen seien über das, was er ihnen berichtet habe ...

Marc habe, so erzählte nun wieder seine Mutter, dort erklärt, er sei der Kaiser eines Planeten namens Orbuania und komme in dieser Eigenschaft täglich zu Beobachtungszwecken auf die Erde. Jede Nacht aber verlasse er seinen Körper und reise zu seinem Planeten, wo er sein ganz normales Kaiserleben weiterlebe. Ich fragte die Eltern, ob Marc ihnen das alles auch schon erzählt habe, was sie bejahten (»Ja, natürlich!«). Marc hatte übrigens schon mehrere Hefte mit Schilderungen über das Leben auf Orbuania gefüllt und auch seinen Lehrern gezeigt. Die waren, ebenso wie die Eltern, der Ansicht, der Junge sei zwar etwas besessen von seiner Geschichte, habe aber eben sehr viel Fantasie ...

An dieser Stelle ist es wichtig zu erwähnen, dass die Tests in der Klinik Marc eine überdurchschnittliche Intelligenz bescheinigten. Den Psychologen, die die Tests durchgeführt hatten, hatte er gesagt, er wolle zwar mit jemandem über sein Kaiserreich sprechen, sich aber nicht »psychologisch« behandeln lassen. Als ich ihn nach dem Grund dafür fragte, antwortete mir der Junge mit seinen gerade mal zehn Jahren, Psychologen hätten keine Ahnung und würden immer alles deuten; und er wolle zwar reden, aber es solle ein tiefer gehendes, ausführlicheres Gespräch mit einem Erwachsenen sein, der ihn nicht in eine Schublade stecke.

Ich traute meinen Ohren nicht: Der Junge sagte mir, dass er nicht wie ein Symptom behandelt werden wollte. Er machte mir unmissverständlich klar, dass er zwar reden wollte, aber ohne psychologische Etikettierungen. Ich erwiderte, dass ich zwar Psychologe sei, aber auch Philosoph, und dass seine Geschichte mich sehr interessiere und ich mich auch gern mit ihm unterhalten würde. Allerdings würde ich nicht recht verstehen, warum er überhaupt mit jemandem sprechen wolle. Ich glaube, sein Wunsch, sich jemandem mitzuteilen, hatte anfänglich zwei sehr unterschiedliche Gründe: Einerseits reagierten die Leute komisch, wenn er ihnen von seinem Reich erzählte; andererseits war ihm auch selbst an seiner Geschichte nicht alles ganz klar, und so lag ihm viel daran, die Meinung von jemandem zu erfahren, der ihn nicht verurteilte. Das war unsere erste Abmachung, die in den über zehn Jahren gemeinsamer Arbeit und gegenseitiger Freundschaft auch bestehen blieb.

Bald schon redete ich ihn mit »Eure Hoheit« an. So lautete von nun an sein Name, oder eher sein Spitzname, den er aber mit einer gewissen Genugtuung annahm. Ich war übrigens nicht der Einzige, der ihn so nannte: Ohne sich je über ihn lustig zu machen, begrüßten ihn die Sekretärinnen, wenn er zu seiner Diskussionsstunde kam (von einer herkömmlichen »Sprechstunde« konnte nicht die Rede sein), stets mit »Guten Tag, Eure Hoheit!«.

Nach und nach erfuhr ich von Marc alles über seinen Planeten. Wir sprachen auch über die Schwierigkeiten des Lebens auf der Erde und waren uns in manchen Punkten durchaus einig – wobei ich allerdings dadurch im Hintertreffen war, dass ich im Gegensatz zu ihm nicht für mehrere

Stunden am Tag Kaiser war. Schon während der ersten Sitzungen fragte ich Marc, wie real Orbuania sei. Dazu entwickelte er eine ganze Theorie, an der er über all die Jahre auch festhielt und weiter feilte. Orbuania mitsamt seinen Konstellationen aus Planeten, die zu dem Reich gehörten oder dessen Feinde waren, existierten wirklich, aber er könne es nicht beweisen. Er sagte, ich solle mir das mit der Existenz seines Reiches genau so vorstellen, wie sich Pascal in seiner berühmten Wette die Existenz Gottes vorgestellt habe. Man kann sich denken, wie sehr ich staunte (und es sollte nicht das letzte Mal sein), solch ein Argument aus dem Mund eines Kindes zu hören! Ob es Orbuania wirklich gab oder nicht, war keine Sache des individuellen Glaubens, vielmehr war seine Existenz eine Notwendigkeit…

Einige Jahre später, als sich bei Marc bereits der Mathematiker herauskristallisierte, der er heute ist, kam er als Zuhörer zu Gesprächsrunden, die ich regelmäßig mit zwei anderen Forschern (einem Mathematiker und einem Physiker) organisierte; wir planten ein Buch über mathematische Logik. Dabei beschäftigte uns unter anderem das ontologische Problem, welchen Daseinsstatus der Gegenstand der Wissenschaft hat. Der Kaiser äußerte sich in dem Zusammenhang zu den grundlegenden Theoremen von Gödel und Cohen. Und sobald es sich anbot, erzählte er uns das Neueste aus Orbuania, was meine Freunde aus der Wissenschaft natürlich in höchstem Maße interessierte, waren sie doch ihrerseits nicht in der Lage zu definieren, was wirklich »existierte« und was nicht, oder auch nur ansatzweise zu definieren, was dieses Wort eigentlich bedeutet.

Einmal erlebte ich etwas recht Witziges mit dem Kaiser.

Es war an einem Nachmittag im Sommer, und auf der Station herrschte große Hitze. Als Marc in die Sprechstunde kam, schlug ich daher vor, etwas trinken zu gehen, was wir regelmäßig taten. Als wir im Café saßen und der Kellner kam, um unsere Bestellung aufzunehmen, sagte ich: »Was nehmen Eure Hoheit?« Er bestellte etwas, und als der Kellner außer Hörweite war, sagte er in fast beschützerischem Ton: »Wissen Sie, Herr Benasayag, mich persönlich stört das nicht, aber wenn Sie mich weiterhin in der Öffentlichkeit mit ›Eure Hoheit‹ anreden, werden die Leute am Ende glauben, Sie seien nicht ganz richtig im Kopf« – und er tippte sich mit dem Zeigefinger an die Stirn … So lernte ich mit der Zeit, wann ich ihn mit Eure Hoheit titulieren konnte und wann nicht. Und er lernte seinerseits – vielleicht, indem er mich darüber aufklärte –, dass die interessanten Informationen über seinen Planeten nicht für jedermann geeignet waren, aus dem einfachen Grund, weil nur wenige Menschen in der Lage sind, Pascals Gedanken auf Anhieb zu verstehen …

So weit die Anekdote. Noch nicht erwähnt habe ich jedoch die entscheidende Tatsache, dass Marc weder mit Psychopharmaka noch stationär behandelt wurde, dass man ihm kein Etikett angeheftet und er auch an keiner integrativen Maßnahme teilgenommen hat … Erst als er bereits zwei Jahre höhere Mathematik studiert hatte, um auf die École Normale Supérieure, die berühmte französische Eliteschule, überzuwechseln, riet ich ihm, eher in Richtung Forschung zu gehen als weiter auf Lehramt zu studieren, was er dann auch tat.

Irgendwann in dieser Zeit schlug ich Marc vor, er könne doch vielleicht einen kleinen Film drehen, um anderen sein

Reich nahezubringen und die feinen Mechanismen jenes Universums darzustellen, in dem sich beide Geschlechter durch keine äußeren Merkmale voneinander unterschieden, da beide in gleicher Weise »glatt« waren, in der die Mehrheit der Menschen misogyn und die Frauen (die nur Marc als solche identifizieren konnte) den Männern genetisch unterlegen waren, und in der das Reich die Mitglieder einer anarchistischen Partei unterstützte, um sie sich als Hofnarren halten zu können ... Anders, als man meinen könnte, kamen einem die Geschichten von Orbuania keineswegs wie Science-Fiction-Romane vor. Im Lauf der Jahre erläuterte der Kaiser viele Details, vom Autoverkehr über die Steuern bis hin zur Erziehung. Und er berichtete von nicht enden wollenden Kriegen und Konflikten zwischen seinem Reich und den Kolonien; ein »Linker« war der Kaiser wirklich nicht ...

Letztlich fand er die Idee eines Dokumentarfilms sehr interessant, aber wie immer mussten wir uns vorab über einen Punkt einigen: Marcs Bedingung war nämlich, dass dieser Film nicht als »psychologisches Anschauungsmaterial« verwendet werden solle. Philosophen durften ihn sehen, Anthropologen und andere Intellektuelle auch, aber unter keinen Umständen Fachleute aus der Psychobranche, die in einem solchen Film nur Symptome beziehungsweise, wie Marc sich ausdrückte, »nichts« sehen würden.

Aus der Arbeit mit Marc lassen sich mehrere Grundprinzipien ableiten. Als Erstes sollte man sich klar vor Augen halten, dass die Menschen, die in unsere Sprechstunde kommen, vollkommen »in Ordnung« sind. Es sind keine Menschen mit »Fabrikationsfehlern«: Sie sind, wie sie sind, und wir versuchen, gemeinsam mit ihnen herauszufinden, wie sie ihre Potenziale erkennen können, wie sie »nicht nur Kaiser«, sondern noch etwas ganz anderes werden können, Mathematikwissenschaftler wie Marc oder Musiker wie Julien, von dem später noch die Rede sein wird (siehe Kapitel 8).

Zweitens können wir in unserer Arbeit sehr wohl einen Teil der Realität zunächst einmal ausklammern, um mit den Patienten diese gemeinsame Basis herzustellen, von der aus man dann Stück für Stück etwas aufbaut und einen bestimmten Weg einschlägt. Ein situationsbezogener Ansatz soll also Kräfte freisetzen, für die Spinoza den Begriff der »freudigen Leidenschaften« geprägt hat. Es geht darum, den Weg der *tristitia*, der Hoffnungslosigkeit, zu meiden, den Weg eines normierenden Wissens, das den anderen auf sein Etikett reduziert. Ist diese Basis erst geschaffen, können wir zum ganzheitlichen Teil unserer Arbeit übergehen und die jeweiligen Möglichkeiten und Kräfte entdecken und fördern.

Mit Blick auf Blaise Pascal, den in Orbuania so hoch geschätzten Philosophen, können wir sagen, dass wir in die situationsbezogene Therapie persönlich involviert sind. Mögliches aufzeigen – darin (und nicht etwa in der reinen Behandlung von Symptomen, wo jemand an Stelle des anderen »Bescheid weiß«) besteht letztlich das zentrale Prinzip der Ethik Spinozas: Man kann nie wissen, wozu ein Körper fähig ist. Wir haben bereits ausgeführt, dass dieses Nichtwissen keineswegs Unwissenheit, sondern im Gegenteil eine Triebfeder allen Wissens und Strebens ist, denn es reduziert den anderen nicht auf sein Symptom oder Etikett.

Marc ist immer noch Kaiser, aber heute, wie in dem Witz vom Bettnässer, stört es ihn nicht mehr ... Und zwar deshalb, weil er als Forscher und Intellektueller, als Mensch ganz allgemein, nicht mehr nur Kaiser von Orbuania ist ... Und wer weiß, vielleicht werde auch ich eines Tages, in einer klaren und kühlen Frühlingsnacht, auf meinem Bett liegend eine Reise nach Orbuania antreten, eine Reise zu einem Planeten, auf dem ich nicht nur einen Freund habe, sondern jemanden, der dort wirklich das Sagen hat ...

7 Die Frage der Grenzen

Auf den vorangegangenen Seiten haben wir wesentliche Entwicklungen untersucht, die das gesellschaftliche Unbehagen in der westlichen Kultur mit verursachen und bei unserer therapeutischen Arbeit mit dem einzelnen Patienten besondere Anforderungen an uns stellen: die Autoritätskrise in Verbindung mit einer als bedrohlich empfundenen Zukunft, der wachsende Druck aufgrund des Nützlichkeits- bzw. Leistungsprinzips, das vor dem Hintergrund der sämtliche Lebensbereiche erfassenden neoliberalen Ideologie seine Wirkung entfaltet, die Schematisierung des Einzelnen durch Klassifizierung seiner Symptome und eine entsprechende »Etikettierung«, die seine Vielschichtigkeit zu vernichten droht. Und wir haben versucht zu skizzieren, was wir als behandelnde Ärzte und Therapeuten diesen Tendenzen, die den Alltag unserer Patienten belasten, entgegensetzen können.

Wenn wir jedoch einen therapeutischen Ansatz entwickeln wollen, der ihnen wirklich hilft und es uns gleichzeitig ermöglicht, ihnen treu zu bleiben, indem wir sie eben nicht einer Norm unterwerfen, müssen wir einen Schritt weitergehen und uns mit der zweifellos zentralen Frage beschäftigen, welche Grenzen die Gesellschaft dem Individuum eigentlich setzt. In der heutigen Zeit, da fast alles infrage gestellt wird, sind diese Grenzen besonders schwer zu bestimmen, weswegen uns ein Abstecher in die Anthropologie unerlässlich erscheint. Dabei stützen wir uns – leicht abgewandelt – auf die Kategorien, die die Ethnologin Françoise Héritier entwickelt hat: Nach ihr unterscheidet jede Kultur zwischen dem *Möglichen* – dem, was Menschen öffentlich wie privat tun können – und dem *Denkbaren* – dem, was ihnen als richtig oder erlaubt erscheint.[9]

Möglich, aber nicht denkbar

Mit dem *Denkbaren* ist nicht gemeint, was der Einzelne sich ausdenken oder welche Überlegungen grundsätzlicher Art er anstellen kann. Es umfasst vielmehr alle Akte, die jedes Mitglied einer Kultur, einer Gesellschaft oder einer Religion als den Grundlagen dieser Gemeinschaft entsprechend anerkennt, die ihm im Hinblick auf das Leben als solches adäquat erscheinen.

Das *Mögliche* ist weiter gefasst: So ist es etwa möglich, die Häuser von anderen niederzureißen, Frauen zu vergewaltigen, die man anziehend findet, Schwächere zu bestehlen und zu quälen, Inzest zu praktizieren usw. Unter normalen Umständen sind diese Vorgänge zwar möglich, aber nicht denkbar. Die Grenze zwischen *Möglichem* und *Denkbarem* wird durch Verbote und Sakralisierung gezogen: Man *kann* sie übertreten, aber das ist gleichbedeutend mit dem Ende der Gesellschaft, ja, des Lebens selbst; zumindest aber bedeutet es eine radikale Infragestellung des kulturellen Fundaments. Der Bereich des *Denkbaren* setzt also ein Verbotssystem voraus, wie es jeder menschlichen Gesellschaft zugrunde liegt:

Es ist eine Unterkategorie des *Machbaren*, das es zugleich ergänzt.

Die Grenzen zwischen dem, was möglich und innerhalb des Möglichen denkbar ist, verschieben sich je nach den historischen Gegebenheiten und Zeitläufen. Solche Entwicklungen können eine Gesellschaft voranbringen oder zurückwerfen. In einer Kriegssituation etwa ist es gleichzeitig möglich *und* denkbar, den Feind auf verschiedene Weise zu vernichten, selbst dann, wenn er keine Bedrohung darstellt (zum Beispiel durch die Bombardierung der Zivilbevölkerung). Jeder, der auch nur ein wenig gesunden Menschenverstand besitzt, wird zu dem Schluss gelangen, dass Krieg an sich ein Verbrechen ist. Aber selbst in ihm gelten normalerweise noch Regeln, die die Grenze definieren, hinter der Mögliches nicht mehr denkbar und ein Verbot folglich zu beachten ist; dafür steht etwa der Begriff »Kriegsverbrechen«.

Um diese Frage geht es auch in dem Film *Apocalypse Now*. Mitten im furchtbaren Gemetzel des Vietnamkriegs soll ein amerikanischer Offizier einen Offizierskameraden verhaften, der in der täglichen Barbarei zu weit gegangen ist. In einem Krieg, der längst alle Grenzen überschritten hat, wird dieser Offizier zur Ordnung gerufen: Entgegen dem Anschein von Regellosigkeit, töten manche eben nicht so, »wie es sich gehört«. Wir haben hier ein komplexes ontologisches Phänomen von entscheidender Bedeutung vor uns: In bestimmten Grenzsituationen gelten immer noch Gesetz und Verbot, auch wenn sie ohne Einfluss auf die unmittelbare Wirklichkeit sind. An das Gesetz zu erinnern ist deshalb nicht sinnlos, weil sich auf diese Weise wieder eine »normale« Situation herstellen lässt.

Es gibt auch andere, weniger tragische Entwicklungen: Abtreibung beispielsweise war immer möglich, auch wenn sie früher im Westen als Verbrechen betrachtet wurde, als »nicht denkbares Mögliches«. Der feministische Kampf für das Recht auf Abtreibung aber hat dazu geführt, dass sie in den Bereich des Denkbaren gerückt und auf diese Weise zum »denkbaren Möglichen« wurde. Dennoch bleibt die Tatsache, dass der Bereich des Denkbaren, auch wenn er sich ausweitet, immer eine Eingrenzung bedeutet und eine Unterkategorie des Machbaren darstellt.

Die Rolle des Heiligen und das Wirklichkeitsprinzip

Was denkbar und nicht denkbar ist, hängt also eng mit den fundamentalen Verboten jeder Gesellschaft zusammen. Gemeinhin geht man davon aus, dass in allen menschlichen Gesellschaften zwei solcher grundlegenden Verbote gelten: Inzest und Kannibalismus.

Natürlich wurden diese nirgendwo denkbaren Praktiken im Lauf der Geschichte in verschiedenen Kulturen oft vollzogen. So gab es etwa immer wieder inzestuöse Eheschließungen oder Beziehungen. Aber sie wurden überritualisiert, und die auf diese Weise erreichte Symbolisierung trug paradoxerweise dazu bei, das Verbot als solches zu bekräftigen. Ebenso dienten etliche vor dem Verzehr von Menschenfleisch durchgeführte Rituale der *Animalisierung* des menschlichen Körpers, der somit nicht mehr der eines Artgenossen war. Folglich handelte es sich (symbolisch betrachtet) auch nicht mehr um einen kannibalischen Akt. Mit Hilfe solcher Praktiken, durch die die Gesetzesüberschreitung umgedeutet wurde, hielt man also an den grundlegenden Regeln fest. Sie abzuschaffen kann sich in der Tat keine Kultur leisten. Eine Gesellschaft, die *alles Machbare denkbar* werden lässt, ist zum Untergang verurteilt. Und eine Gesellschaft, die aufs Geratewohl den Bereich des Machbaren ausweitet, gleitet unweigerlich in eine Welt ab, in der nichts mehr real ist, eine Welt, in der das Mögliche uneingeschränkt herrscht, was völlige Ohnmacht zur Folge hat. (Nebenbei bemerkt ist auf der Ebene des Individuums das Prinzip *Alles ist möglich* eines der Kennzeichen für eine Psychose.)

Die Grenzen, die sich jede Gesellschaft in Form von Tabus und Sakralisierungen auferlegt, sind nicht willkürlich. So aber empfindet sie nicht selten der postmoderne Mensch, dem als Konsumwesen suggeriert wird, es müsse sich alles leisten können, wonach ihm gerade ist. Das *Heilige*, das die Gesellschaft von außen und jenseits der Willensfreiheit des Einzelnen begründet, kommt dem Menschen von heute folglich vor wie unerforschtes Land, das es zu erobern gilt. Das Gleichgewicht einer Kultur aber hängt davon ab, ob die Menschen akzeptieren, dass es auch ein *Nichtwissen* gibt. Dabei handelt es sich nicht um Unwissenheit, sondern im Gegenteil um das, was jede Art von Wissen überhaupt erst ermöglicht, so wie das Unaussprechliche die Quelle künstlerischen Ausdrucks ist. Das ist gemeint, wenn es im *Tractatus* von Ludwig Wittgenstein heißt, das, was *durch* Sprache ausgedrückt wird, könne nicht *in* der Sprache ausgedrückt werden.[10]

Die Erfahrung, nicht allmächtig zu sein, ist für jeden von uns (und insbesondere für Kinder und Jugendliche) eine *positive* und grundlegende Grenzerfahrung: Die Entwicklung des

Menschen kann nicht gleichbedeutend sein mit der Abschaffung natürlicher oder kultureller Grenzen; man muss sich diese Entwicklung im Gegenteil als lange, gründliche Suche danach vorstellen, was innerhalb dieser Grenzen möglich ist. Weiter oben (vgl. Kapitel 1) haben wir allerdings gesehen, dass sich zwar der Fortschrittsmythos erschöpft hat und die Zukunft unvorhersehbar geworden ist, aber die wissenschaftsgläubige Ideologie in unserer Gesellschaft dennoch ungehindert fortlebt: Sie hat sich gewissermaßen verselbstständigt und verkündet nun lauthals, alles sei möglich, oder zumindest, alles sollte möglich sein. Jeder Versuch der Begrenzung oder Orientierung erscheint ihr als reiner Obskurantismus, und niemand sieht ein, warum es sinnvoll sein sollte, Forschungen zu stoppen oder Techniken abzulehnen, die den Bereich des *Möglichen* erweitern.

Als Therapeuten dürfen wir nicht darüber hinwegsehen, welche Auswirkungen ideologische Botschaften, die die Abschaffung sämtlicher Grenzen und Verbote propagieren, auf junge Leute haben. Die Botschaften der Wissenschaftsgläubigkeit sind weitaus wirksamer, als man gemeinhin annimmt. Ob es das Klonen ist, die Geschlechtsbestimmung bei Ungeborenen oder zahllose andere Versprechungen, die einer grenzen- und tabulosen Technik das Wort reden: Sie nähren eine Vorstellungswelt, die den Jugendlichen heutzutage nicht mehr wie eine Verheißung vorkommt, sondern auf die sie einen Anspruch zu haben glauben. Unsere pädagogischen und therapeutischen Ansätze laufen gegen den Strom, denn wir versuchen im Gegenteil, Verbote aufzustellen und die Jugendlichen aus ihren Allmachtsträumen aufzuwecken.

Feedback und Zappen

Mitunter fragen uns Eltern und Erzieher, wie sich Computerspiele – in denen es oft um Vernichtung und Tod geht und die von einem gewissen Sadismus geprägt sind – auf die Gewaltneigung bei Jugendlichen auswirken. Sie befürchten, Jugendliche, die unentwegt diese Spiele spielen, könnten Virtuelles und Realität irgendwann nicht mehr auseinanderhalten und die in den Spielen vorkommende Gewalt auf die Realität übertragen.

Wir halten das Problem jedoch für weitaus komplexer und sind der Ansicht, dass sich die zunehmende Gewalt nicht allein durch die erwähnte Übertragung aus dem virtuellen Raum auf die Wirklichkeit erklären lässt. Hier spielen noch etliche andere Faktoren eine Rolle. Intensives Computerspielen kann aber wiederum ganz andere und sehr reale Folgen haben, die nicht minder problematisch sind. All diese Spiele basieren im Grunde auf einer relativ simplen Struktur, die sich ständig auf der nächsthöheren, noch etwas schnelleren und komplexeren Ebene wiederholt. Was zählt, sind schnelle Reflexe, die den Spieler in einen *veränderten Bewusstseinszustand* versetzen. Das erklärt auch das von Spielern so häufig beschriebene Gefühl, für die Dauer des Spiels, mitunter also stundenlang, vollkommen »weg« gewesen zu sein. Dieser veränderte Bewusstseinszustand wird durch den Feedback-Mechanismus aufrechterhalten, der dauernde Aufmerksamkeit fordert, will man am Ball bleiben.

Regelmäßige Spieler gewöhnen sich auf diese Weise an einen Zustand größerer nervlicher Anspannung – mit der

Folge, dass sie sich in Situationen, die nicht ein ähnlich hohes Maß an Anspannung bewirken, tendenziell langweilen. (Das typische Muster beim Zappen: Ständig muss etwas los sein.) Irgendwann fällt es ihnen schwer, einer Erzählung zu folgen und sich für eine Geschichte zu interessieren, wenn die dafür nötige Aufmerksamkeit sie nicht bis an die Schwelle der synaptischen Erregung führt, von der sie jetzt *abhängig* sind. Hartnäckige Spieler entwickeln unter Umständen ein regelrechtes Suchtverhalten mit allen bekannten besorgniserregenden Merkmalen.

Oft versuchen Lehrer, mit derlei Mustern zu konkurrieren und durch einen regelrechten »Zapping-Unterricht« die Reizschwelle, an die ihre Schüler gewöhnt sind, aufrechtzuerhalten. Doch solche Versuche sind zum Scheitern verurteilt: zum einen, weil wirkliches Unterrichten unmöglich wird, wenn man mit dem Anspruch antritt, ein Publikum aus lauter reizkonsumierenden und in dieser Hinsicht immer anspruchsvolleren Schülern bei der Stange zu halten. Und zum anderen, weil der Feedback-Mechanismus, der die kognitive Reaktion auf einen reinen Reflex reduziert, nicht Grundlage des Lernprozesses sein kann. Denn dieser zielt darauf ab, eine wirkliche Lebensfähigkeit zu entwickeln, also mit wechselnden Rhythmen und unterschiedlichen Phasen der Intensität zurechtzukommen.

Die Welt des »Alles ist möglich«

Für Sokrates begann jede Erziehung damit, »sich selbst zu erkennen«. Damit meinte der griechische Denker keine in sich geschlossene, selbstbezogene Individualität, sondern vielmehr den langen, ruhigen und asketischen Weg der *Sorge um sich selbst*, der auf vielfältige Weise das Universelle in jedem einzelnen Menschen zutage fördert. Während für Pädagogen die Erziehung mit der Anerkennung der Grenzen des Möglichen und Machbaren beginnt, setzen Therapeuten bei der Wiederherstellung der Grenzen an, die aus verschiedenen Gründen irgendwann in der Entwicklung des betroffenen Menschen ihre Gültigkeit verloren zu haben scheinen.

Es sieht jedoch so aus, als zählten Betrachtungen dieser Art in unserer Gesellschaft nicht mehr. Oft wird dagegen im Namen des Lebens gefordert, die Beschränkung bestimmter biotechnischer Verfahren aufzuheben. Andere kritisieren, Kultur dürfe kein Selbstzweck sein. Wieder andere setzen Nützlichkeit und Effizienz an oberste Stelle und halten den Anspruch, Bildung und Erziehung müssten universell sein, für lächerlich. Folgt man einer bestimmten (post-)modernen Grundhaltung, darf unsere Welt also mit grundlegenden Fragen über *heilige Werte* (das Leben, Kultur, Bildung) keine Zeit vergeuden, zeugen sie doch ohnehin nur von Ignoranz und Rückwärtsgewandtheit. Dahinter verbirgt sich als tiefere Wahrheit, dass in unserer Gesellschaft allein das Prinzip Ware heilig ist. Und nichts, nicht einmal Bildung und Erziehung, darf die wirtschaftliche Entwicklung behindern.

Tagtäglich werden die jungen Menschen mit dieser neoliberalen Propaganda bombardiert. Schule und Therapie empfinden sie dann als mehr oder minder angenehme Orte, an denen sie ständig Dinge hören, die nichts mit ihrer Wirklichkeit zu tun haben. Wenn aber der Lehrer, ohne dass es ihm bewusst wäre, vom *Nutzen des Unterrichts* spricht, der für die Zukunft »wappnet«, oder wenn der Psychologe eine Therapie vorschlägt, die »leistungsfähiger« macht, dann begutachtet der Jugendliche die Ware, die der Verkäufer, sprich: der Erwachsene, ihm anbietet, als Konsument. Und mit hoher Wahrscheinlichkeit kauft er sie ihm nicht ab.

Hat denn nicht dieser oder jener Geschäftsmann auch Millionen beiseite geschafft und ist dennoch auf freiem Fuß, ja, wird er nicht sogar im Fernsehen als Vorbild präsentiert? Verschanzen sich nicht Politiker hinter ihrer Immunität, um der Strafverfolgung zu entgehen? Bremsen nicht Pharmalabore die Produktion nützlicher Medikamente, weil ihnen der Profit wichtiger ist als das Wohl der Menschen? Die Liste ließe sich beliebig fortsetzen. Der Dealer um die Ecke jedenfalls verkörpert den Erfolg, wie ihn das Fernsehen den jungen Menschen vermittelt, besser als der Lehrer mit seinem Kleinwagen …

In einer Welt nämlich, in der »alles möglich ist«, geht es nicht darum, Grenzüberschreitungen zu vermeiden, im Gegenteil: Sie sind die Regel. Nur erwischen lassen darf man sich nicht: Ein Held ist, wer schamlos handelt und ungestraft davonkommt. In dieser Hinsicht ist der Jugendliche, der keine Grenzen anerkennt und alles für machbar hält, sehr viel mehr mit der Gesellschaft im Einklang als die Erwachsenen, Erzieher oder Therapeuten rings um ihn. Deshalb können wir auch nicht behaupten, uns um diese jungen Menschen zu sorgen, solange wir nicht angesichts der geschilderten gravierenden gesellschaftlichen Tendenzen Position bezogen haben.

Ideen und ihre Wirksamkeit

Als Psychologen haben wir die Wahl zwischen zwei Lösungen: Entweder arbeiten wir auf das Ziel der sozialen und familiären Bindungen, im Sinne von Bindung als Lebensform, hin und gehen davon aus, dass eine Therapie Bindungen schaffen und wiederherstellen soll. Oder aber wir nehmen die Herrschaft des »Alles ist möglich« und die damit verbundenen tödlichen Konsequenzen als unüberwindbaren Horizont in Kauf. Diese zweite Option bedeutet, darauf hinzuwirken, dass der Patient den erbarmungslosen Kampf unter Wölfen nach der Devise »Jeder gegen jeden« ohne Schuldgefühle wieder aufnehmen kann.

Bei der ersten Lösung stellt sich die Frage, wie man der Illusion begegnen soll, das Fundament unserer Gesellschaft sei das, was wir als Individualvertrag bezeichnen könnten (Individuen *entwickeln eine Vorstellung von sich und anderen,* indem sie Verträge untereinander und mit ihrer Umgebung schließen), ein Konzept, das jegliche grundlegenden ontologischen und fundamentalen Zugehörigkeiten leugnet. Mit Vernunft allein ist dieser Illusion nicht beizukommen. Wenn wir einem Jugendlichen beispielsweise erklären, dass es sinnvoller ist, in der Schule mitzumachen statt Joints zu rauchen, würde er das rational begreifen, aber es würde nichts ändern. Genau da liegt das Problem: Eine Erziehung – oder Therapie –, die den konkreten Erfahrungen rein rationale Vorstellungen entgegensetzt, kann keine Verhaltensänderung bewirken. Eine rein theoretische und zu abstrakte Haltung macht uns im Gegenteil vollkommen machtlos. Damit stößt man nicht nur in der Erziehung, sondern, wie wir gezeigt haben, auch in der Prävention ganz allgemein an eine Grenze.

Bei einem Ansatz, der die Bindungen stärkt – und um den geht es im nachfolgenden Kapitel –, und bei einer Erziehung, die diesem Grundsatz folgt, dürfen Vorstellungen und Erfahrungen nicht im Gegensatz zueinander stehen. Vielmehr sollen Ideen als theoretische und praktische Hypothesen die jeweiligen Erfahrungen begleiten und auf diese Weise eine Änderung im Verhalten herbeiführen. Nicht im Sinne einer disziplinierenden Vorschrift, sondern um zu wünschenswerteren, wirkungsvolleren und lohnenderen Praktiken zu gelangen. Wenn jungen Menschen mehr an Bindungen als am Kampf um Macht liegen soll, müssen wir beim Denken, Heilen und Erziehen alle Kräfte aufbieten. An erster Stelle steht dabei unsere Pflicht, uns selbst zu verändern.

8 Bindungen als Kern der Therapie

»Auf die persönliche Autonomie der Patienten hinarbeiten« – so lautet die Devise einer Art Konsensideologie in Sachen therapeutischer und ärztlich-sozialer Arbeit. Dagegen hat niemand etwas einzuwenden, im Gegenteil: In einer Gesellschaft, in der Bindungen als Zwang oder als vertragliche Verpflichtung erlebt werden, ist die Selbstständigkeit des Einzelnen eine hoch geschätzte Eigenschaft.

Doch so einleuchtend dieser Standpunkt auf den ersten Blick erscheint, so problematisch ist er auch. Er wirft die Frage auf, was es mit den Bindungen (sozialer, familiärer oder sonstiger Art) eigentlich auf sich hat. Diese Frage, die oben bereits angesprochen wurde, führt uns letztlich zur Formulierung eines anderen Ansatzes, den wir als *bindungsorientierte Therapie* bezeichnen. Um dies näher zu erläutern, lohnt es sich, noch einmal auf Aristoteles zurückzukommen. Der Sklave, so behauptete er entgegen jedem gesunden Menschenverstand, verfüge über keinerlei Bindungen, sei heimatlos und könne überall und zu verschiedenen Zwecken *benutzt* werden. Im Gegensatz dazu sei der freie Mann derjenige, der viele Bindungen und Verpflichtungen gegenüber anderen, der Polis und seinem Heim unterhalte.

Seid autonom!

Paradoxerweise ist es unserer Gesellschaft also gelungen, ein Freiheitsideal zu prägen, das genau dem Sklavenleben entspricht, wie Aristoteles es definierte. »Ich bin an meine Freiheit gekettet«, heißt es bei Paulus. Sowohl für Aristoteles wie auch für Paulus wird Freiheit nicht durch Autonomie oder selbst gewählte Isolation des Individuums erlangt, sondern vielmehr durch die Entwicklung von Bindungen: Sie machen uns frei.

Wie soll man angesichts dieser Definition die Autonomie auffassen, die anzustreben heutzutage von jedem verlangt wird und die wir als Therapeuten auch in der Arbeit mit den Patienten erreichen sollen? In der Tat ist es so, dass psychiatrische Teams sich häufig das Ziel setzen, die Patienten zu einer *gewissen Selbstständigkeit* zu führen. Ein solches therapeutisches Konzept wird insbesondere bei Menschen und Familien angewandt, die aufgrund ihres fragilen Zustands zur Abhängigkeit verurteilt und dauerhaft auf Hilfe angewiesen sind. Als Sozialhilfeempfänger, der gravierende psychische Probleme hat, wird man Sie in therapeutischen Praxen und Beratungsstellen sicher dahingehend betreuen, dass Sie Ihr Leben möglichst unabhängig und autonom führen können. Wenn Frau Ibrir also die Bitte äußert, man möge sie bei Behördengängen begleiten, wird in der sozialen Beratungsstelle immmer erst ein schlauer Psychologe ihre Hilfsbedürftigkeit evaluieren und ein entsprechendes therapeutisches Konzept ausarbeiten, damit sie baldmöglichst wieder allein zurechtkommt.

Haben Sie dagegen als Erbe eines beträchtlichen Vermögens psychische Probleme, wird kein Sozialarbeiter zu Ihnen sagen: »Werden Sie endlich autonom!« Kein Bankier nähme an Herrn Schmidt Anstoß, wenn dieser nicht ohne seine Sekretärin auskommt und sich regelmäßig vom Chauffeur zu seinen Terminen fahren lässt. Nur ein spitzfindiger Psychologe käme auf die Idee, dahinter fehlende Selbstständigkeit und eine hinderliche Abhängigkeit zu vermuten. Vielleicht könnte Herr Schmidt mit Hilfe einer Sozialarbeiterin tatsächlich vollständige Autonomie erlangen: Er könnte Fahrstunden nehmen, mit etwas Mut zur Fortbildung vielleicht eines Tages selbst einen Stift in die Hand nehmen und ohne seine Sekretärin auskommen. Aber vielleicht ist ja mit Autonomie auch etwas ganz anderes gemeint ...

Allem Anschein nach ist selbstständig sein in unserer Gesellschaft gleichbedeutend mit *stark sein*. Was so viel heißt wie: Bloß nicht schwach sein, zumal, wenn einem die nötigen Mittel und der familiäre Hintergrund dafür fehlen. Dieses Ziel sollen wir verfolgen: Dafür sorgen, dass Menschen, die uns in einer Situation der Schwäche aufsuchen, danach »nicht mehr ganz so schwach« sind, auch wenn wir wissen, dass das völlig unmöglich ist. Auf diese Weise machen wir es ihnen nur noch schwerer, denn wir spiegeln ihnen ein negatives Selbstbild: Sie schaffen es nicht, das zu tun, was von ihnen erwartet wird, nämlich unabhängig und stark zu sein.

Der Grad an Stärke oder Schwäche ist das einzige Kriterium, das in unseren Lebensentwürfen berücksichtigt wird. Wir sind so besessen von der Vorstellung, stark sein zu müssen, dass der Freiheitsbegriff in unserer Gesellschaft auf Macht beruht: *Frei ist, wer Macht hat.* Und Macht worüber?

Über das eigene Umfeld, Beziehungen, seinen Körper, die Zeit, die anderen … Damit ist die derzeitige Idealvorstellung von Autonomie klar umrissen. Mit der eines einsamen Robinson Crusoe, der für sich allein eine ganze Kultur zu reproduzieren vermag und gänzlich unabhängig ist, hat sie nichts zu tun. Unsere Zeitgenossen träumen von einer Autonomie, die mit Dominanz gepaart ist, sie wollen Macht über die anderen und ihr Umfeld, um ans Ziel ihrer Wünsche zu gelangen und sich Befriedigung zu verschaffen, ohne dass sich ihnen jemand in den Weg stellt.

Da diese Auffassung mehr und mehr um sich greift, ist es nur folgerichtig, dass sich auch in der psychotherapeutischen Theorie und Praxis eine Tendenz zu mehr Kontrolle und Dominanz abzeichnet, die in Fachkreisen als »Psychologie des starken Ich« bezeichnet wird. In manchen Behandlungsformen ist auf Macht zielende Autonomie sogar zum Selbstzweck geworden; man hilft dem Patienten, sein Umfeld, seinen Körper, seine Psyche und seine Symptome bestmöglich zu beherrschen. Nach dieser Logik geht es in keiner Weise darum, die Botschaft oder die existenzielle Problematik zu verstehen, die sich hinter einem Symptom oder einem Verhalten verbirgt. Was zählt ist, dass man ambitioniert ist, Leistung bringt und alles, auch seine Triebe, beherrscht, und zwar nicht in der Weise, wie es die verschiedenen Philosophien seit jeher nahelegen, sondern mit dem Ziel, sie für ein produktives, am Nützlichkeitsprinzip orientiertes Leben bestmöglich einzusetzen.

Schicksal und Verletzlichkeit

Das in unserer Gesellschaft herrschende Prinzip des »Alles ist möglich« und die Gleichsetzung von Freiheit mit Macht heißen nichts anderes als: Wir müssen alles tun, um das *Schicksal zu besiegen.* Die philosophische Alternative zu dieser vorherrschenden Tendenz hingegen lautet, dass Freiheit gerade darin besteht, sein *Schicksal anzunehmen* – eine Formulierung, die zweifellos viele unserer Zeitgenossen aufbringen wird, für die Schicksal das genaue Gegenteil von Freiheit ist.

Vom philosophischen Standpunkt aus betrachtet sind allerdings Schicksal und Schicksalhaftigkeit keineswegs identisch. Im Gegenteil, bis zu einem gewissen Grad sind sie sogar gänzlich verschieden. Dem Schicksalhaften begegnen wir immer dann, wenn wir dem Schicksal zu entkommen versuchen. (Davon erzählt der Mythos von Ödipus: Wie viele junge Menschen heutzutage auch, will er seinem tragischen Schicksal – seinen Vater zu töten und mit seiner Mutter zu schlafen – entkommen, doch das Schicksal »holt ihn ein«.) Es ist also sinnlos, sein Schicksal besiegen zu wollen. *Ducunt volentem fata, nolentem trahunt* – so hieß es bei den Stoikern: Den Willigen führt das Schicksal, den Unwilligen zieht es mit sich. Der Mythos von der Individualgesellschaft nährt hingegen den Glauben, dass alles, was uns widerfährt, auch anders sein könnte, dass jeder von uns auch ein anderer sein könnte. Vor diesem Hintergrund ist es nicht erstaunlich, dass Menschen, die sich frei von allen Bindungen glauben, in dem Gefühl leben, es herrsche Beliebigkeit und Ungerechtigkeit.

Schicksal dagegen meint die Tatsache, dass wir in der

Welt sind, ohne jede Distanz zu ihr. Wir sind das, was eine bestimmte Epoche uns zu sein erlaubt, und durch sie strukturiert. Wir »besitzen« kein Schicksal, sind zugleich aber nicht mehr als eben dieses, denn jeder Versuch, ihm zu entkommen, verdammt uns zum Nichts, zur Schicksalhaftigkeit. Nichts anderes meinte Sartre mit seiner provokanten Behauptung, in einem Krieg gebe es keine unschuldigen Opfer. Kinder, Zivilisten und die Opfer ganz allgemein sind zwar nicht »schuldig«, aber wir sind immer genau das, was wir in einer Situation für diese Situation sind: Wir sind verantwortlich für das, was wir uns nicht ausgesucht haben.

Es trifft also nicht zu, dass es, abstrakt betrachtet, einen Menschen geben könnte, der derselbe gewesen wäre, aber in einem anderen Körper mit anderem Geschlecht in einer anderen Zeit etwas anderes erlebt hätte und dem folglich Beliebiges widerfahren wäre. Genau das aber suggeriert eine rein ichbezogene Psychotherapie: Ziel der Behandlung ist es, dem Patienten dabei zu helfen, sich weitestgehend von seinem Schicksal zu »befreien«. Paradoxerweise suggeriert sie als einzige Lösung, sein eigenes Leben hinter sich zu lassen und eine zunehmend imaginäre Macht anzustreben. Das aber liefert uns zwangsläufig der Schicksalhaftigkeit aus, denn indem wir leugnen, was wir sind, werden wir nicht zu *anderen Menschen*, sondern nur noch machtloser.

Das Schicksal stellt ein komplexes Gebilde aus Faktischem, persönlicher Geschichte und Wünschen dar, die sich überschneiden und ineinander übergehen und dadurch das Besondere einer Person ausmachen. Es besteht aus Bindungen, die wir immer wieder neu erschaffen und frei weiterentwickeln können. Freiheit bedeutet also nicht, dass man zwischen der Kontrolle (der eigenen Person, der anderen, des Schicksals) aufgrund von Stärke einerseits und Unterwerfung aufgrund von Schwäche andererseits wählen kann. Eine mit dem Schicksal versöhnte Freiheit trägt unserer grundsätzlichen Verletzlichkeit und der Brüchigkeit unserer Existenz Rechnung. Diese Verletzlichkeit ist weder eine Stärke noch eine Schwäche, sondern Ausdruck einer Vielschichtigkeit voller Widersprüche, die als Ganzes angenommen werden muss. Sich auf diese Verletzlichkeit einzulassen, ist nur in Wechselbeziehungen und im ständigen Austausch mit anderen möglich, in Form von Bindungen zu anderen, bei denen Sieg und Niederlage keine Rolle spielen, sehr wohl aber geteilte Erfahrungen und Verantwortungen.

In seiner Verletzlichkeit und Brüchigkeit bleibt das *Ich* etwas Ungewisses: Es ist weder Etikett, noch ist es eine feststehende Rolle, sondern im Gegenteil die Voraussetzung für neue Möglichkeiten und die Suche nach einer Kraft, einer Einzigartigkeit, die sich erst allmählich herausbildet. Bindungen stellen keine Begrenzung des Ich dar, sondern sind das, was meiner Freiheit und meinem Wesen Kraft verleiht. Meine Freiheit hört also nicht dort auf, wo die des anderen beginnt. Sie beginnt vielmehr mit der Befreiung des anderen und durch den anderen. Man könnte also sagen, dass die Freiheit des Individuums gar nicht existiert. Es gibt lediglich Akte der Befreiung, in denen wir uns mit anderen vernetzen. Eine Lebensauffassung, die diese Dimensionen der Brüchigkeit und Widersprüchlichkeit des Ich in den Vordergrund rückt, bietet die geeignete Grundlage für eine Psychotherapie und wäre in unseren Augen den Herausforderungen unserer Zeit angemessen.

Ziel einer psychotherapeutischen Behandlung ist es, anderen zu helfen, ihre Möglichkeiten und ihre eigene Freiheit wahrzunehmen. Diese Freiheit aber darf weder imaginär noch abstrakt sein oder sich der reinen Unwissenheit verdanken, wie Spinoza es in seiner *Ethik* kritisiert: Die Menschen halten sich nur deshalb für frei, so meint er, weil sie sich ihrer Handlungen zwar bewusst sind, aber nicht wissen, welche Ursachen ihnen zugrunde liegen. Was nicht heißt, dass man diese Ursachen beseitigen oder beherrschen müsste, aber man muss sie kennen, um sie zu akzeptieren und auf konstruktive Weise mit ihnen umzugehen. Und genau dies ist eines der elementaren Prinzipien des von uns angestrebten bindungstherapeutischen Ansatzes.

Individuum und Person

Bei einem Ansatz, der dem Menschen seine Verletzlichkeit zugesteht, geht es folglich um die Lebenserfahrungen, die jemand gemacht hat, und nicht etwa um abstrakte Vorstellungen vom Leben. Denn über das Erlebte können wir begreifen, dass wir keine isolierten Einzelwesen sind und unsere Freiheit nicht davon abhängt, ob wir unsere Umgebung oder unsere Leidenschaften unter Kontrolle haben. Unsere Verletzlichkeit führt uns vor Augen, dass wir uns als vielschichtige Wesen mit allen Eigenheiten, die immer wieder ein vielfältiges Ganzes ergeben und aus diesem hervorgehen, annehmen können. Denn wir befinden uns, wie schon gesagt, nicht außerhalb der Situationen, die wir erleben, wir werden bis in unser Innerstes hinein durch sie geprägt.

Was wir als *bindungsorientierte Therapie* oder *situationsorientierten* Ansatz bezeichnen, entwickelt sich aus den Klagen und dem Leiden unserer Patienten heraus. Diese Art von Therapie hat nie einen isolierten Menschen im Blick, sondern setzt ein Verständnis für die Situationen voraus, die der »Patient« erlebt hat; dabei gilt es, zwischen *Individuum* und *Person* zu unterscheiden.

Das *Individuum* geht, wie wir gesehen haben, aus jenem Gesellschaftsverständnis hervor, wonach die Menschheit aus einer Reihe voneinander isolierter Wesen besteht, die über Verträge mit ihrer Umgebung und ihren Mitmenschen Beziehungen unterhalten. Das Individuum ist dann frei, wenn es diese Beziehungen aus freiem Willen akzeptiert. Doch diese Vorstellung von Willensfreiheit ist pure Illusion. Als Psychoanalytiker wissen wir, dass Akzeptanz keine Garantie für Freiheit ist. Im Gegenteil, Beziehungen, die durch Unterwerfung und Unterdrückung gekennzeichnet sind, kommen zwangsläufig durch Zustimmung zustande. Aus psychoanalytischer Sicht hat die »freiwillige Knechtschaft«, wie La Boétie es genannt hat[1], nichts »Freiwilliges« (auch wenn wir die Schlussfolgerungen, zu denen der Autor in seiner genialen gleichnamigen Abhandlung kommt, die dreihundert Jahre vor Freud erschien, ansonsten teilen): Tatsächlich handelt es sich um eine »unfreiwillige« Unterwerfung, weil die Zustimmung des Unterdrückten zu seiner Unterdrückung nicht auf der Instanz des Willens beruht. Der Willen nämlich funktioniert auf der bewussten Ebene, während die Zustimmung eher auf der unbewussten Ebene erfolgt. Dass ein Individuum sich für »frei« hält, weil es den Beziehungen zum anderen zustimmt, sagt nichts über seine tatsächliche Freiheit aus (die schmerzhaftesten pathologischen Beziehungen können mit Zustimmung der Betroffenen zustande gekommen sein).

Alternativ zum Individuum gibt es die *Person*. Etymologisch stammt der Begriff vom lateinischen *persona*, was Maske bedeutet. Diese Maske verdeckt nicht ein wirkliches Gesicht, sondern eine Vielzahl von Gesichtern. Mit »Person« ist jeder von uns als vielschichtiges Wesen bezeichnet, das akzeptiert, seine Grenzen und seine Vielschichtigkeit nicht zu kennen. Im Gegensatz zu den Individuen, die sich über vertragliche Beziehungen definieren, stehen Personen der Welt offen gegenüber. Für den Therapeuten gilt es also herauszufinden, auf welche Weise das *Individuum* neurotische, von Schuld, Leiden und Klagen geprägte Beziehungen herstellt, und mit welchen therapeutischen Mitteln er der *Person* helfen kann, für die Beziehungen, die sie aufbaut, die Verantwortung zu übernehmen und sie mit Leben zu erfüllen.

Die Klage, die der Patient während der psychologischen Sprechstunde vorträgt, enthält die Bitte an den Psychoanalytiker, ihn von dem zu befreien, was ihn leiden lässt. So weit das Einmaleins jeder psychotherapeutischen Beziehung. Die Klagen unserer Zeitgenossen aber weisen eine Besonderheit auf: Was leiden lässt und als etwas dargestellt wird, das außerhalb der eigenen Person liegt, ist in Wirklichkeit das eigene Ich. Verschiedene Aspekte der Lebenswirklichkeit des Patienten – ob sein Geschlecht, seine Familie, seine Fantasien – werden von ihm als etwas betrachtet, was sich an eine glatte Oberfläche, nämlich ihn selbst, geheftet hat.

Ein Patient kann in der Tat darunter leiden, so zu sein,

wie er ist, aber in der kausalistischen Vorstellungswelt des Individuums liegt alles, was ihm widerfährt, außerhalb seiner selbst und ist ein Ergebnis des Zufalls, und der Therapeut soll ihn von diesen störenden Elementen befreien. Bei Kindern und Jugendlichen ist es häufig so, dass nicht sie selbst diese Elemente als störend empfinden, sondern die Eltern, Lehrer oder ihr Umfeld. Die Eltern sind der Ansicht, im Vergleich zu einem idealen Kind (das es nicht gibt) könnte das reale Kind *perfekt* sein, wenn es nicht dieses oder jenes Verhalten an den Tag legen würde. Genauso gut könnten sie sagen: »Unser Kind ist nicht so, wie wir es gerne hätten. Wir könnten es lieben, wenn es nicht es selbst wäre.« An den Therapeuten wird also die Bitte herangetragen, aus dem realen Kind – diesem Problemwust – das wirkliche Kind herauszuschälen, eine reine Fantasiegestalt also.

Natürlich leugnen wir den Leidensdruck des Kindes nicht, im Gegenteil. Aber wenn man herausarbeitet, welche Bitte eigentlich formuliert wird, sollte man genau unterscheiden zwischen dem Leiden, das durch die Tatsache verursacht wird, nicht der Vorstellung der Eltern zu entsprechen, und dem, das auf einen Zwang zurückgeht oder pathologisch bedingt ist und also unabhängig davon entstanden ist. Wenn wir folglich Kriterien ablehnen, die allein dem Nützlichkeitsprinzip verpflichtet sind (etwa der Art: »Wer leidet, ist nicht nützlich und entspricht nicht der Norm«), und uns weigern, die Gesellschaft zu behandeln, indem wir die Mitglieder, die ihr Sorgen bereiten, zur Norm zurückbringen, sondern wenn wir beschließen, in erster Linie für und mit dem Patienten zu arbeiten, wird unsere Arbeit tatsächlich schwierig. Dass ein Kind in der Schule schlechte Leistungen erbringt, dass die Erwachsenen behaupten, es sei ein Schulversager, oder es schlicht heißt: »Peter ist ein Versager« (womit gemeint ist, dass er, gemessen an den gesellschaftlichen oder familiären Idealen, scheitert), heißt nicht zwangsläufig, dass es Peter schlecht geht oder er einen Psychologen braucht. Es heißt zunächst nur, dass Peters Situation ihm und denen, die ihm nahestehen, zu schaffen machen kann.

Soll man die Gesellschaft »heilen« oder den Einzelnen?

Wir befinden uns hier in einem Dilemma, denn wir sind einerseits dazu aufgerufen, dem einzelnen Patienten zu helfen oder ihn sogar zu heilen; gleichzeitig arbeiten wir aber auch, fast ohne es zu merken, daran, die Gesellschaft von der Last derer zu befreien, die nicht dem Ideal gesellschaftlicher Funktionsfähigkeit entsprechen (diesbezüglich ist das Buch *Geisteskrankheit – ein moderner Mythos* von Thomas Szasz erhellend[12]). Beide Ansätze scheinen von der Zielsetzung her identisch zu sein. Ihr insgeheimes Zusammenspiel aber ist problematisch.

Wenn wir dazu übergingen, mechanisch die gesellschaftliche Nachfrage zu befriedigen, wäre das Problem weitestgehend gelöst: Man müsste nur die richtigen Kniffe, Methoden und Medikamente finden, damit die jungen Menschen wieder »andocken« oder den gesellschaftlichen Idealen bestmöglich entsprechen, damit sie ihre Rolle finden und sich mit ihr identifizieren könnten. Gleichzeitig müsste man verhindern, dass sie erneut Erfahrungen machen, die ihnen ihre Vielschichtigkeit vor Augen führen und die ihnen zugeteilte Rolle sprengen würden.

Die Begeisterung für das Medikament Ritalin, den sogenannten »Bravmacher« (so wie Valium seinerzeit als »Glückspille« bezeichnet wurde), zeigt anschaulich, wie problematisch eine zweckorientierte Behandlung ist. Sehr wahrscheinlich ist dieses Amphetamin hilfreich für manche Kinder, die an einer zerebralen Dysfunktion leiden und deshalb hyperaktiv sind oder ein Aufmerksamkeitsdefizitsyndrom haben. In einigen wenigen Fällen kann das Mittel dem Kind helfen, sich mit seinen Schwierigkeiten auseinanderzusetzen. Leider aber wird Ritalin in den USA Millionen von Kindern verschrieben, deren Anpassungsschwierigkeiten auf ganz andere Ursachen zurückgehen. Diese Verschreibungspraxis berücksichtigt nicht, mit welchen Risiken die Einnahme eines Mittels im großen Stil verbunden ist – immerhin handelt es sich um ein Amphetamin. Vor allem aber zeigt die extensive Anwendung dieses Präparats ein Umschwenken auf »Therapien«, deren Ausgangspunkt die Norm und das gesellschaftliche Ideal sind und deren Hauptzielsetzung es ist, dass sich das Kind entsprechend den Erwartungen einer Gesellschaft verhält, die ja gerade daran gescheitert ist, dieses Kind seinen Bedürfnissen und Fähigkeiten gemäß zu erziehen und in seiner Entwicklung zu begleiten.

Tückisch ist die Falle aber deshalb, weil die Tatsache, nicht dem gesellschaftlichen Ideal zu entsprechen, tatsächlich Leiden verursachen kann. Doch ist dies kein Grund, um auf stereotype Antworten zu verfallen (wie etwa das Verschreiben von Ritalin für jedes »unbändige« Kind) und ernsthaft zu glauben, dass man die Ursache eines Leidens beheben kann, indem man dem Kind hilft, sich der Norm anzupassen.

Erhellend ist in dem Zusammenhang das Beispiel einer Frau, die sich nach der Adoption eines Kindes aus Asien an uns wandte. Sie wollte das Kind umbenennen und ihm einen französischen Vornamen geben. Als sie nach dem Grund gefragt wurde, war sie zunächst erstaunt, denn für sie lag die Sache auf der Hand. Zur Begründung sagte sie uns dann, dass ein Kind mit fremdländischem Vornamen schon in der Schule ausländerfeindliche Übergriffe befürchten müsse. Diese Frau, die nur das Beste wollte, hatte begriffen, was es heißt, »normal« zu sein: In unserer Gesellschaft ist normal, durch was man praktisch hindurchsieht, was nicht weiter auffällt. Ein Kind ausländischer Herkunft aber, das einen fremden Namen trägt, fällt auf und kann tatsächlich ausländerfeindlichen Angriffen ausgesetzt sein.

Das aber ist der springende Punkt: Gerade das Leiden an diesen Verhältnissen ist »normal«, es gehört zur Wirklichkeit des Kindes. Andererseits kann es nicht unsere Aufgabe als Ärzte und Therapeuten sein, Unterschiede zu verwischen (und somit die Änderung des Vornamens stillschweigend gutzuheißen). Anders ausgedrückt: Das Leiden ist kein hinreichender Grund dafür, dass der Therapeut lediglich die scheinbare Ursache dafür beseitigt. Im Fall des adoptierten Kindes ist die Ursache eindeutig: Ist es der Vorname, unter dem das Kind leiden wird, oder ist es die Ausländerfeindlichkeit? Wenn wir zu dem Schluss kommen, dass es die Ausländerfeindlichkeit ist, darf sich unsere Intervention nicht nur auf unsere Eigenschaft als Therapeuten beschränken. Wir halten es für keine gute Lösung, die Wirklichkeit des Kindes, das von der Norm abweicht, zu kaschieren.

Es gibt also Leiden *existenzieller* Art, die auf die Intoleranz der Gesellschaft zurückzuführen sind. Ist der Therapeut damit konfrontiert, dann ist er auch als Bürger gefragt, und es steht ihm nicht zu, zu »psychologisieren« und zu »pathologisieren«. (Das haben wir am Beispiel der Kinder zu erläutern versucht, die darunter leiden, in einer nach dem Nützlichkeitsprinzip funktionierenden Gesellschaft nicht ausreichend leistungsfähig zu sein. Aus therapeutischer Sicht haben wir auf diese Anforderung keine Antwort.)

Eine bindungsorientierte, situative Therapie ist erst dann möglich, wenn wir diese Haltung auch als Therapeuten einnehmen. Die Grundlage unserer Ethik besteht darin, gesellschaftliche Ideale nicht per se gelten zu lassen und unser »Nichtwissen«, unsere Unzuständigkeit in dieser Hinsicht zu konstatieren. Unsere Prämisse ließe sich vielmehr folgendermaßen formulieren: »Ich weiß nicht, was das Beste für dieses Kind ist, und sehr wahrscheinlich weiß dieses Kind es selbst auch nicht.« Auf dieser Ebene können wir, sofern das Kind dies wünscht, anbieten, gemeinsam etwas zu erarbeiten und aufzubauen.

Mittlerweile folgen viele Beratungsstellen und psychotherapeutische Dienste diesem Prinzip, doch sind sie oft Ziel heftiger Angriffe und geraten durch die herrschende Tendenz unter starken Druck: Statt vom »Nichtwissen« auszugehen, sollen wir als Experten mit Hilfe irgendwelcher »Kniffe« Symptome beseitigen, die die Jugendlichen von einem aufoktroyierten Idealbild wegführen, das die Gesellschaft und die Erwachsenen gesetzt haben. Wenn, wie es der derzeitigen

Tendenz in der psychotherapeutischen Praxis entspricht, mittels eines Handbuchs (dem in Kapitel 5 erwähnten DSM des US-amerikanischen Psychologenverbands) psychiatrische Pathologien rein als Symptome beschrieben und durchweg als Abweichungen von der Norm klassifiziert werden, drängt sich jedoch die Frage, woher diese Norm eigentlich stammt, geradezu auf. Merkwürdigerweise wird sie fast nie gestellt.

Mit der Ausschaltung der menschlichen Subjektivität, so Hegel, schalten wir den Menschen selbst aus. In diese Richtung geht die *Symptomtherapie*: Das Kind wird, wie der Erwachsene auch, mit einer Reihe von Symptomen gleichgesetzt; es existiert nur als ein Individuum unter vielen, das es zur Norm zurückzubringen und funktionstüchtig zu machen gilt, ohne Rücksicht auf die Beziehungen oder Situationen, die ihm eigen sind. Dass psychische Probleme im Rahmen einer derart ideologischen Abstraktion nicht einmal annähernd behandelt werden können, dürfte außer Frage stehen.

Dies lässt sich anhand eines konkreten Falls veranschaulichen, bei dem es um die Kluft zwischen dem neurotischen Schuldgefühl eines Patienten und dem therapeutischen Ziel geht, dass der Patient die Verantwortung für sich übernimmt.

Seit geraumer Zeit ist ein junger Mann bei einem von uns in Behandlung. Er ist Schauspieler und beruflich überaus erfolgreich. Doch eine belastende familiäre Situation macht es ihm unmöglich, seine glückliche Lage in vollen Zügen zu genießen oder zumindest so, wie es seiner Idealvorstellung entspricht. Die Tatsache, dass sein Bruder alkoholabhängig ist und seine Eltern unter diversen psychischen Problemen leiden, macht ihm schwer zu schaffen und ruft starke Schuldgefühle in ihm hervor. Würde er sich als Individuum betrachten, könnte er diese Wirklichkeit vielleicht abstreifen und als etwas erleben, das außerhalb seiner selbst existiert, das ungerecht und willkürlich ist und für das er in keiner Weise verantwortlich ist. Aber das will ihm nicht gelingen.

Aus psychoanalytischer Sicht handelt es sich bei einer von Schuldgefühlen geprägten Beziehung um eine pathologische Situation, in der der Patient sein Leid in Kauf nimmt, um die Illusion von Allmacht aufrechtzuerhalten. Schuldig fühlen können wir uns nämlich nur dann, wenn wir uns für eine Situation verantwortlich fühlen; und trotz der Belastung und des Schmerzes liegt darin auch ein Genuss, ein *sekundärer Gewinn*, auf den der Patient nicht verzichten kann. Bis zu diesem Punkt herrscht unter Psychotherapeuten Konsens. Wenig einig ist man sich in der Frage, ob man den Patienten in die Lage versetzen soll, die Allmachtsfantasie und mit ihr die Ursache für die Schuldgefühle aufzugeben und ihm zu erlauben, sich einzugestehen, dass er nicht der Grund für das ist, was seinem Bruder und seinen Eltern widerfährt, aber *auch*, zu akzeptieren, dass er daran kaum etwas ändern kann.

Indem er sich von seinen Schuldgefühlen befreit, wird unser Patient nicht zu einem isolierten Individuum, das seine Familie herabwürdigt. Vielmehr wird er verstehen, dass das, was ihm aus seiner neurotischen Sicht ungerecht und beliebig erscheint, nicht mehr und nicht weniger ist als seine eigene Situation. Wir können keine Freiheit erlangen, ohne zu lernen, dass wir in der Situation, in die wir geworfen sind, persönlich Verantwortung tragen und dem treu sein müssen, was uns, ohne dass wir es uns ausgesucht hätten, als Wesen ausmacht. Eine situationsorientierte Therapie ermöglicht es der betroffenen Person, ihre Bindungen anzunehmen – der einzige Weg, der zu persönlicher Erfüllung führt.

Bindungen im Sinne von Wahlverwandtschaften

Auch der Fall des sechsjährigen Julien, der regelmäßig zu mir (M.B.) ins CMPP kommt, ist ein anschauliches Beispiel für die Arbeit mit dem bindungsorientierten Ansatz. Dabei geht es uns nicht darum, irgendein therapeutisches »Rezept« vorzulegen; vielmehr wollen wir anhand dieses Falls darlegen, welche Grundeinstellung seitens des Therapeuten unsere Methode voraussetzt.

Julien und seine Mutter haben eine Odyssee durch Arztpraxen hinter sich, die schon in der frühesten Kindheit des Jungen begann. Fest steht: Julien ist nicht so, wie er »sein sollte«. Eine kindliche Psychose? Schwerwiegende neurologische Probleme? Als wir mit der Arbeit begannen, war die Frage noch nicht geklärt. Aber Diagnosen und Etiketten sind allenfalls von relativem Wert, und oft sind sie der für unsere Arbeit nötigen Offenheit nicht förderlich.

Alles, was wir wussten, war, dass es für Julien nicht gut lief, darin waren sich alle einig – mit Ausnahme von Julien. Er ist ein sehr sanftmütiges und geselliges Kind, zu gesellig, wenn man nach der psychiatrischen Norm geht, denn er macht keinen Unterschied zwischen Fremden und Menschen, die er kennt. Julien war also nicht nur bereit, zu den Sitzungen zu kommen, sondern zeigte sich sogar hocherfreut über diese neue Beziehung. Nach und nach lernten wir uns kennen. Er wusste nicht viel über mich und ich praktisch nichts über ihn, aber unsere Begegnungen waren immer angenehm. Ich verriet ihm, was mir wichtig ist, zum Beispiel Musik. Als ich Kassetten mit in die Sitzungen brachte und wir Musik verschiedener Herkunft hörten, merkte ich schnell, dass Julien ganz bei der Sache war: Er liebt Musik, versteht sie und hat ein gutes Gespür dafür. So begegneten wir uns auf einer Ebene, auf der er nicht »behindert« ist und ich nicht »Psychoanalytiker« bin.

Mit Musiktherapie hat das nichts zu tun. Diese Methode, die in manchen Fällen gewiss sinnvoll sein mag, ist letztlich problematisch, weil sie ein utilitaristisches Kunstverständnis vermittelt, das heißt, weil sie Kunst zweckorientiert als Mittel oder Werkzeug einsetzt. Bei meinen »musikalischen Begegnungen« mit Julien war Musik dagegen reiner Selbstzweck und eröffnete uns eine gemeinsame Dimension. Aus der Praxis wissen wir, dass Menschen, die auf der Ebene der *Begriffe* bzw. *Konzepte* und des symbolischen Denkens große Schwierigkeiten haben, sich auf der Ebene der *Perzepte* (wie etwa in der Malerei und Bildhauerei) oder der *Affekte* (wie in der Musik) leichter tun. Darüber hinaus entdecken sie dort auch neue Denkweisen und Beziehungen; sie finden einen schöpferischen Zugang zur Welt und vermeiden so die »Formatierung« durch rein symbolische Begriffe. Die Frage lautet also nicht, was man tun könnte, um Julien zu »formatieren« oder zu »normalisieren«, sondern wie man es im Gegenteil anstellt, eine Situation zu schaffen, in der Vielschichtigkeit hinter dem Etikett zum Vorschein kommt.

Julien spielt Schlagzeug, und ich spiele Saxofon. Seine Technik wurde immer besser, und so fand Julien allmählich

seinen Weg. Allerdings wurden wir aufgefordert, wegen des
Lärms zum Spielen in den Keller des CMPP zu gehen ... Wir
bauten also das Schlagzeug in einem Raum auf, der seither
als Musikzimmer dient – ohne therapeutischen Hinterge-
danken (etwa um schwere, vielfältige Symptome zu »besiegen«, die Julien im Übrigen nicht abgelegt hat). Es geht um
etwas ganz anderes, nämlich darum, zu entdecken, dass man
das Leben nicht »heilen«, sondern ganz einfach »leben«
muss ... Über die Musik hat Julien eine Reihe von Bindungen und Beziehungen hergestellt und weiterentwickelt, die
ausschließlich dem Prinzip der *Wahlverwandtschaften* folgen.

Das ist, wie gesagt, weder »Kunsttherapie« noch eine
»musikalische Beschäftigung«, bei der man »so tut, als ob ...«
Ein solches Vorgehen heißt nämlich im Grunde, dass Menschen, die Probleme haben, sich damit zufriedengeben sollen, das Leben nachzuahmen, ein Leben, das für sie viel zu
was-auch-immer ist. Ein Beispiel: Eines Tages erzählte mir
ein Patient, freitags morgens sei immer »Croissant-Sitzung«.
Verblüfft fragte ich, was denn das sei. Sie würden dort bei-
sammensitzen und Croissants essen, erklärte er mir ... Bei
einem solchen therapeutischen Ansatz lebt der aus der
Norm gefallene »Patient« ein Leben, in dem man die Dinge
nicht »in echt« macht (wie Kinder es nennen würden). Wir,
die wir zum Glück »normal« sind – womit wir dem Leser
nicht zu nahetreten wollen –, essen Croissants, gehen reiten
und machen Musik, während Behinderte und Kranke (die
»Anormalen«) Beschäftigungstherapien machen. Genau das
machen wir mit Julien nicht.

Im Sommer, bei der »Fête de la Musique« beispielsweise,
sind wir in die verschiedenen pädiatrischen Abteilungen ge-

gangen und haben für die dort stationierten Kinder gespielt. Ein paar Nachbarn – darunter auch ein Kind aus einer Trisomie-Gruppe des CMPP – gesellten sich zu uns. Wenn wir für unser Publikum spielten, waren wir richtige Musiker, das einzige »Etikett«, das uns verband, war das der Musik und unserer Wahlverwandtschaft.

Mittlerweile spielt Julien in mehreren Musikgruppen. Keines der Symptome, die ihn zu uns führten, ist verschwunden, und ich glaube auch nicht, dass sie je verschwinden werden. Doch weder in seinem noch im Leben seiner Familie und seines Umfelds gibt es noch das geringste Anzeichen von Ausweglosigkeit oder Verzweiflung. Keine Spur mehr von jener Angst in der Zeit, da das Anliegen der Angehörigen darin bestand, einen Fachmann zu finden, der Julien helfen könnte, seine Symptome loszuwerden, damit endlich ein anderer, gesunder und normaler Julien zum Vorschein kommen könnte.

Ein situativer, bindungsfördernder Ansatz basiert auch auf der gemeinsam verbrachten Zeit, auf dem »Nichtwissen« über den anderen. Keine aufgrund von Statistiken vorgenommene Klassifizierung kann dieses Nichtwissen aufheben, das uns die vielen Potenziale erkennen und entwickeln lässt, die in jedem von uns stecken. »Man weiß nie, wozu ein Körper fähig ist«, heißt es, wie bereits erwähnt, in Spinozas *Ethik* – ein Satz, der von zentraler Bedeutung für sein ganzes Werk ist. Eingestehen, dass man nicht weiß, wozu ein Körper in der Lage ist, heißt auch anerkennen, dass akademisches Wissen und Fachwissen zwar unverzichtbar, aber niemals hinreichend sind. Es heißt, dass Etikett oder Diagnose nicht die Vielschichtigkeit überlagern dürfen, die jeden von uns zu einer vollständigen Person macht, und dass wir nicht von vornherein wissen, wie ein Körper durch die Kraft des anderen und gemeinsam mit anderen sein Potenzial entwickeln kann, um Bindungen einzugehen, die nicht zweckorientiert sind, sondern dem Prinzip der Wahlverwandtschaft folgen.

Julien ist heute weder stärker noch schwächer. Dadurch, dass er über seine Kunst Bindungen zu anderen entwickeln konnte, hat er jene Lebensempfänglichkeit im Hier und Jetzt erreicht, in dem wir alle aufeinander angewiesen sind. Diese Abhängigkeit bedeutet weder Verdammnis noch Zwang. Sie ist vielmehr die Grundlage dessen, was Spinoza der Trauer, den *traurigen Leidenschaften* gegenüberstellt, nämlich die Grundlage der Freude, der *freudigen Leidenschaften*: Über unser kleines individuelles Leben hinaus eröffnen sie uns neue Dimensionen des Seins.

9 Die »Leitfunktion« des Therapeuten

Wir haben versucht aufzuzeigen, wie sich in den vergangenen ein bis zwei Jahrzehnten die Anforderungen an unsere therapeutische Arbeit und der Kontext, in dem sie sich vollzieht, verändert haben. Im Bereich der Kinderpsychiatrie müssen wir unsere Anworten auf diese Anforderungen vor dem Hintergrund einer Krise – im Sinne eines Bruchs und einer negativen Zukunftserwartung mit unabsehbaren gesellschaftlichen Folgen – neu überdenken. Die klassischen Verfahren eignen sich nur noch für eine kleine Zahl von Fällen. Wir kommen nicht umhin, unsere Bezugspunkte und Theorien, vor allem aber auch unsere praktische Arbeit und deren geistige Grundlagen auf den Prüfstand zu stellen.

Eine theoretische und praktische Hypothese

Im medizinisch-psychiatrischen Dienst für Kinder und Jugendliche, in dem wir tätig sind, haben wir gemeinsam mit unseren Kollegen versucht, die Grundlinien einer Therapie zu entwerfen, die diesen Anforderungen gerecht wird. Angeregt durch Erfahrungen anderer Stellen[13] haben wir ein System entworfen, das uns ermöglicht, bei der Betreuung von Kindern und Jugendlichen in Schwierigkeiten sowie deren

147

Eltern einerseits auf der Basis unseres Fachwissens, andererseits aber auch unter Berücksichtigung unserer sozialen Rolle tätig zu werden. Schwerpunkt ist die Einbeziehung des familiären Umfelds des Kindes in die therapeutische Arbeit.

Ein zentraler Begriff ist dabei der der »Leitfunktion«, die der Therapeut als Fachmann wie als Person bei der Betreuung des Eltern-Kind-Gespanns für die gesamte Dauer der Behandlung des Kindes innehat. Diese komplexe Funktion beruht auf der Begegnung, der Herstellung von Bindungen und der gemeinsamen Erarbeitung von Ideen und Vorstellungen, die in konkrete Vorhaben und Zielsetzungen der Behandlung münden.

Als Erstes – und das ist nichts Neues – gilt es, sich vom Symptom zu lösen und den Reichtum zu entdecken, der sich hinter diesem Symptom verbirgt, um auf diese Weise Einblick in das Beziehungsgeflecht des Patienten – auch in seiner zeitlichen Dimension – zu gewinnen. So wird das Symptom in seiner Komplexität und in seiner Bedeutung für den Patienten und sein Umfeld beleuchtet. Wir versuchen damit einen rein symptombezogenen Ansatz beziehungsweise eine Klassifizierung zu vermeiden, die nur dazu dienen, den Patienten nach Schema F zu behandeln – wobei das tendenziell vorherrschende Paradigma das der Symptombekämpfung durch Medikamente ist. Paradoxerweise wird dieses Modell sowohl von denen unterstützt, die sparen wollen, als auch von denen, die Profit machen wollen, zu Lasten einer wirklichen psychotherapeutischen Herangehensweise, die darauf abzielt, dass der Patient wieder lernt, Bindungen herzustellen.

In der Tat haben wir festgestellt, dass Familien, die in einer Krise sind (oder zumindest als problematisch kategorisiert werden), mehr und mehr einem disparaten, aus vielerlei Symptomen bestehenden Gebilde gleichen. Den Symptomen ist eine Vielzahl von Fachleuten zugeordnet, die sich in der Regel untereinander nicht kennen und in ihrem Vorgehen nicht abstimmen. Dass die Symptome und Probleme der Patienten nicht in ihrer Gesamtheit betrachtet werden, ist nicht nur das Ergebnis mangelnder Koordination, sondern geht eher auf eine grundsätzliche Sicht vom selbstverantwortlichen Individuum zurück, das sich nach herrschender Auffassung in seine Einzelsymptome aufspalten lässt. Wie aber kann man jemandem helfen und ihn verstehen, wenn man ihn in erster Linie als eine Anhäufung von Problemen betrachtet?

Dieser positivistischen Haltung stellen wir ein anderes – antipositivistisches? – Prinzip gegenüber, wonach das Ganze – nämlich die Person oder die Familie – wesentlich mehr ist als nur die Summe ihrer Einzelteile. Das heißt: Ein Kind mag Schlaf- oder Essstörungen haben, leicht ablenkbar sein oder zu heftigen Ausbrüchen neigen, kurzum: eine Reihe von Symptomen aufweisen, die wir natürlich zur Kenntnis nehmen. Die Person als *Ganzes* aber ist sehr viel mehr, als die zusammengefügten Symptome ergeben, und kann nur dann zum Vorschein kommen, wenn man von einem Nichtwissen ausgeht und sich gemeinsam mit dem oder der Betroffenen auf Entdeckungsreise begibt.

An dieser Stelle kommen wir auf den Begriff der Leitungsfunktion zurück. In unserem Zusammenhang ist sie nicht im Sinn hierarchisch bedingter Machtausübung über andere zu verstehen, sondern in ihrem ursprünglichen Sinn der Orientierung, die die Bewegung in eine bestimmte Richtung lenkt ... Es handelt sich um eine Art der Begleitung, bei der der Therapeut gegenüber einer Familie oder Einzelperson die Verantwortung für die gemeinsame Suche nach der Richtung übernimmt, die eine Veränderung der gegenwärtigen Situation bewirken könnte. Dabei geht es nicht um medizinische »Indikation«, sondern darum, gemeinsam mit der Familie einen symbolischen Raum zu schaffen, in dem der Betroffene nicht auf die eindimensionale Sicht seines Problems reduziert wird.

Vor diesem Hintergrund erarbeiten wir einen praktischen Ansatz zur Bewältigung der Krise. Die *Richtung* müssen wir, das heißt, alle in die Situation eingreifenden Personen, der Therapeut wie die Familie, in Absprache miteinander finden. Auf dieser Basis kristallisiert sich dann allmählich heraus, worauf die gemeinsame Arbeit und konkrete Projekte hinauslaufen. Die Antwort auf die Frage, *warum* die Therapie sich so gestaltet, kann also nicht schon vor der ersten Konsultation feststehen: Die Person sucht uns nicht auf, damit wir ihr quasi einen Lebenssinn »einimpfen«. Die gemeinsame Konstruktion dieses Sinns, an der der Therapeut mitwirkt, ist vielmehr der Angelpunkt unserer Arbeit.

In unserer Welt der reinen Nützlichkeitsabwägungen wird so getan, als gäben kindliche Bedürfnisse und das Wohl des Kindes uns keine Rätsel mehr auf. Diesen Standpunkt stellen wir infrage. Das Wissen steht nicht am Beginn der Therapie, sondern ergibt sich auf die eine oder andere Weise erst im Verlauf der gemeinsamen Suche nach der Richtung. Und so hat sich unsere Kritik an der Verteilung der Zuständigkeiten auf mehrere Spezialisten zwangsläufig zu einer Kritik an der utilitaristischen Auffassung von Therapie überhaupt ausgedehnt, mit der sie ihr Fundament preisgibt. Unser Vorgehen dagegen ist eine theoretische und praktische Hypothese, die es uns ermöglicht, die medizinische Klassifizierung zugunsten einer begleitenden Therapie zu überwinden, bei der sich der Therapeut voll und ganz auf die Vielschichtigkeit seines Patienten einlässt.

Der Flut der Therapieansätze entgegenwirken

Dass in Frankreich ein enormes Defizit an psychiatrischen Einrichtungen besteht, die der Wirklichkeit der Familien gerecht werden, ist eine Tatsache. Für Jugendliche mit schweren psychologischen Problemen hat dieses Defizit dramatische Folgen. Darüber hinaus besteht aber auch die Gefahr, dass die Familien infolge zahlloser unterschiedlicher therapeutischer Ansätze und eines fehlenden Gesamtkonzepts sich selbst überlassen werden.

In einer sozialpsychiatrischen Einrichtung heißt es vielleicht, die Arbeit mit dem Kind könne nur in engster »Vertrautheit« erfolgen und setze voraus, dass die Familie nicht in die therapeutische Arbeit »eingreift«. Wenn das Kind hier nicht mehr betreut werden kann und es den Eltern – meistens dank eigener Initiative – gelingt, eine andere Beratungsstelle ausfindig zu machen, ist dort vielleicht von Familientherapie die Rede: »Es ist ganz wichtig, dass die ganze Familie mit einbezogen wird.« Beim nächsten Mal erklärt ihnen ein dritter Therapeut, die einzige Lösung sei das richtige Medikament: Wenn eine Krise auftrete, solle die Familie ihr Kind stationär oder in einem Heim unterbringen und wenigstens eine Zeit lang auf jeden Kontakt verzichten. Irgendwann werden das »Problemkind« und der damit verbundene Schmerz der Angehörigen zum regelrechten Stigma der Familie, weil die Gesellschaft nicht an Verletzlichkeit und Schwäche erinnert werden will. Als letzte Möglichkeit bleibt dann nur noch die Unterbringung in einer geschlossenen Einrichtung, oder man sorgt selbst für das Kind und lebt mit der ständigen bangen Frage: »Was soll nur werden, wenn wir nicht mehr da sind?«

Dieselben widersprüchlichen, verwirrenden Erfahrungen machen die Familien mit den übrigen Beteiligten und Institutionen (Schule, Gerichte, Jugendamt usw.). Sie führen letztlich zu einer Art Exil und großer Unsicherheit, ein Los, das jede Familie mit einem »Problemfall« trifft. Durch die »Leitfunktion« des Therapeuten hingegen soll das Diktat, um jeden Preis »autonom« werden zu müssen, überwunden werden. Denn entscheidend ist im Gegenteil, wie sich Bindung herstellen lässt und wie Wahlverwandtschaften geschaffen werden können. Auf welche Weise kann man sich auf ein Vorgehen einigen, um zu erreichen, dass jemand, der Probleme hat, nicht in jenen traurigen Zustand gerät, nur noch aus Symptomen zu bestehen, nur noch ein Etikett zu sein? Die »Leitfunktion« ist eine Arbeitshypothese, die den Widerstand gegen die normierende Sichtweise bestimmter psychotherapeutischer Richtungen impliziert. Es ist wichtig, innezuhalten, um sich von der Frage »Was fehlt diesem Kind?« zu lösen und stattdessen gemeinsam mit ihm und seiner Familie zu überlegen: »Warum bringt man dieses Kind zu uns?«

Diese Unterscheidung mag belanglos und spitzfindig klingen, aber das ist sie nicht. Denn die beiden Fragen beruhen auf zwei verschiedenen therapeutischen Analyse- und Behandlungsverfahren. Die Frage, was dem Kind fehlt, setzt eine Norm voraus und impliziert eine Reduzierung auf diese, die von allen gewünscht wird. Die zweite Frage verweist dagegen auf die Möglichkeit, sich dem gesellschaftlich normierten Sinn, dem des *Evaluierens* und *Klassifizierens*, zu widersetzen, der dem gesellschaftlichen Ideal der Produktivität inhärent ist. Nicht vorab zu wissen, warum man ein Kind zu uns bringt, heißt, dass wir versuchen, uns als Erstes einen Freiraum jenseits aller vorherrschenden gesellschaftlichen Gewissheiten zu schaffen.

Wenn jemand verletzt in die Notaufnahme kommt, lauten die ersten Fragen des Arztes oder der Ärztin: »Was ist geschehen? Wo ist er (oder sie) überall verletzt?« Wir hingegen fragen als Erstes, warum man das Kind zu uns in die kinderpsychiatrische Sprechstunde bringt, und laden damit das Kind dazu ein, seine Vielschichtigkeit zu entwickeln, weil wir ihm so zu verstehen geben, dass die Tatsache, nicht der Norm zu entsprechen, für uns keine hinreichende oder entscheidende Information ist. Dem normierenden Blick auf den Patienten als ein Konglomerat von Symptomen stellen wir die Auffassung von der Person als einer besonderen *Seinsweise* entgegen: Jeder von uns existiert durch die Art und Weise seiner Beziehung zur Welt und zu den anderen, zum Denken, zu seinem Körper, zu Freuden und Zwängen …

Indem der Therapeut die selbst gewählte Seinsweise seines Patienten respektiert, befreit er sich von dem Diktat, ihn möglichst dem mehrheitskonformen Bild dessen, wie er zu *sein* habe, anzunähern. Damit der Patient seine Fähigkeiten entwickelt, statt sich mit seinen Defiziten zu identifizieren, soll er im Gegenteil in die Lage versetzt werden, zu erkennen, was er *tun* muss. Deshalb spielt es auch keine Rolle, welcher Schule oder theoretischen Richtung ein Therapeut angehört und nicht einmal, ob er die Anwendung von Medikamenten gutheißt oder nicht. Viel wichtiger ist es, einen Ansatz zu entwickeln, der sich nicht damit begnügt, Symptome zu beseitigen, um die Angst in den Griff zu bekommen, einen Ansatz, der der gegenwärtigen historischen Situation gerecht wird.

Denn in der derzeitigen Krise, die an den Grundfesten der Kultur rüttelt, wird der allgemeine Sinnverlust durch das Idealbild des *homo oeconomicus* kompensiert: Die Ökonomie soll dem Leben Sinn und Richtung vorgeben. Die Vorstellung aber, es gebe eine abstrakte Ökonomie, die über den Menschen hinausgeht und ihre Diktatur über ihn ausübt, ist lächerlich. Ökonomismus bedeutet, dass die Welt als Ware ein Produkt des Menschen ist und ihrerseits einen Typus Mensch und eine Lebensweise hervorbringt, die von ökonomischen Objekten nicht zu trennen sind. So wie das Individuum ein imaginäres Konstrukt ist, das an die Stelle der Person treten soll, so gibt es auch keinen abstrakten Menschen, der von einem übergeordneten und außen liegenden Standpunkt aus die Entwicklung der Warenwelt verfolgt.

Die Hauptsorge des Therapeuten muss es also sein, sich vom Primat der Wirtschaft als ultimativem Sinn, der ihm letztlich die Position des Verwalters psychologischer Dienste als Angebot für Nutzer und Konsumenten zuweist, zu lösen. Wahrhaft »im Kindesinteresse« zu handeln heißt in unseren Augen, dass man Behandlungstechniken ausarbeitet, die für unsere Patienten in ihrer multidimensionalen Entwicklung, beim Aufbau und Wiederaufbau von Bindungen, hilfreich sind. Im Dienste des Lebens tätig zu sein, setzt heutzutage notwendigerweise ein gewisses Maß an Widerstand voraus, und widerstehen heißt nichts anderes, als sich auseinanderzusetzen, aber auch aus eigener Kraft einen Zustand zu überwinden und damit Neues zu schaffen.[14]

10 Die Ohnmacht überwinden

Unsere Überlegungen und Hypothesen sind nicht als Abhandlung zu verstehen, sondern eher als Aufforderung: Sie können der Ausgangspunkt für einen gemeinsamen Weg sein, den wir mit all denen beschreiten wollen, die sich mit der herrschenden Hoffnungslosigkeit nicht abfinden möchten.

Einerseits sind die Tristesse, die Ohnmacht und der Fatalismus unserer Zeit schwer zu ertragen, doch geht andererseits auch ein ganz eigener Reiz von ihnen aus. Die Untergangsgesänge der Sirenen, die »süße Gewissheit«, dass schlimmste Befürchtungen wahr werden könnten, sind verlockend, und nur allzu leicht lassen wir uns von der apokalyptischen Dämmerung einfangen, die von der nuklearen oder der terroristischen Bedrohung ausgeht und sich wie ein dunkler Schleier über jede andere Wirklichkeit legt. Diesem Gefühl muss sich jeder Einzelne widersetzen – auf schöpferische Art und Weise. Denn wir wissen auch, dass die »traurigen Leidenschaften« ein Konstrukt sind, eine Deutung der Wirklichkeit, nicht aber die Wirklichkeit selbst. Und sie werden zwangsläufig in den Hintergrund treten, wenn man ihnen »freudige Praktiken« entgegensetzt.

Unsere Epoche hat die Schwächen des Projekts der Moderne aufgedeckt (das den Menschen in die Lage versetzen sollte, alles nach Gutdünken zu verändern), und verblüfft nehmen wir den Allmachtsverlust zur Kenntnis. Wohl auch

deshalb hat sich die aktuelle Debatte über die »innere Sicherheit« zu einer Art Chiffre entwickelt, die für alles her-
halten muss, weil sie nichts mehr bedeutet ... Allerdings ist
Vorsicht geboten. Der derzeitige Diskurs über die Sicherheit,
der Unmenschlichkeit und Egoismus Vorschub leistet und
uns auffordert, mit allen Werten und Bindungen zu brechen,
gleicht exakt der »Lebensraum«-Debatte, wie sie im wirtschaftlich maroden Deutschland der Dreißigerjahre geführt
wurde. Eine krisengeschüttelte Gesellschaft, die massiv und
irrational einem paranoiden Diskurs anhängt, in dem es nur
noch um den eigenen Schutz und das Überleben geht, fühlt
sich aller Grundsätze und Verbote enthoben: »Liebe Mit-
bürgerinnen und Mitbürger, wir leben in einer schlimmen
Zeit ... Im Namen höherer Ideale ist alles erlaubt«, lautet der
Diskurs, der der Barbarei den Weg ebnet.

Themen wie Sicherheit, aber auch Anstand im Sinne
von Solidarität, der Schutz der Person und vor allem der
Schwächsten – Kinder, Kranke, alte Menschen – gehen uns
als Ärzte und Bürger gleichermaßen an. Die Vorstellung, man
könne alle Unsicherheiten beseitigen, gehört in das Reich der
modernistischen Utopie von der Allmacht des Menschen, die
wir als gescheitert betrachten können. Der Krise begegnen
heißt in erster Linie, ihre Existenz anzuerkennen und zu akzeptieren, damit sich überhaupt neue Leitbilder und Werte
entwickeln können.

Als Ärzte wollen wir unsere Patienten nicht »stärker« machen als ihre Mitmenschen, denn wir wollen nicht dazu bei-
tragen, dass sie in einer verrohten Welt leben. Gemeinsam
mit ihnen arbeiten wir daran, dass sie in der Lage sind, sich
dieser Welt zu widersetzen. Doch wie? Wir könnten dabei an-

setzen, das Bewusstsein des Einzelnen für Symptome und Probleme zu schärfen, würden sie damit jedoch nicht beheben. Schon Freud kam seinerzeit zu dem Schluss, dass Bewusstmachung allein keine Heilung bewirkt. Wir dürfen uns also nicht damit begnügen, die Probleme vom Verstand her zu durchdringen. Damit würden wir uns der Ohnmacht ausliefern. Die Ohnmacht überwinden können wir hingegen, indem wir uns fragen, auf welchen Wegen wir Kraft und Stärke erlangen und wie wir einen solchen Weg konkret beschreiten können, um es nicht bei folgenlosen Wünsche zu belassen.

Zu diesem Zweck gilt es, die Bindungen zu stärken, die die Menschen aus der Isolierung befreien, in die die Gesellschaft sie im Namen der Ideale des individualistischen Ideals verbannt. Daher auch sind wir der Ansicht, dass psychologische Betreuung bei der inneren Notwendigkeit ansetzen muss, Bindungen zu schaffen. Dem Individuum wird dabei nicht etwa ein Kollektiv gegenübergestellt. Unser Gegensatzpaar besteht vielmehr aus der Entwicklung der Person und der Ohnmacht des Menschen. Wie können wir vermeiden, den Patienten als ein mit Problemen behaftetes Einzelwesen zu isolieren (die Isolation in einer Anstalt liegt noch nicht allzu lange zurück), und ihn stattdessen als Person begleiten, die sich in ihrer Vielschichtigkeit innerhalb einer ebenso vielschichtigen Welt mit allen ihren Problemen entwickelt? Wobei Vielschichtigkeit heißt, die Bindungen anzunehmen, die über das *Gemeinsame* entstehen, sei es im Hinblick auf die anderen, die Umwelt oder sich selbst.

Eine solche therapeutische, gesellschaftspsychologische Arbeit, ein Weg, der aus der Kultur der allgemeinen Klage und Verzweiflung hinausführen soll, erfordert nicht zuletzt auch Mut. Wir sollten ihn dennoch einschlagen, denn über ihn können unsere Patienten eine Ebene der Empfindsamkeit entwickeln, auf der die irreale Unterscheidung zwischen stark und schwach ihre Gültigkeit verliert und man sich stattdessen der ontologischen Wirklichkeit stellt: dass wir nämlich alle in einem Boot sitzen und sich bei stürmischer See niemand allein zu retten vermag. Herauszufinden, wie ein solcher Weg aussehen könnte, und ihn gemeinsam zu gehen ist unser Ziel und unsere Einladung.

Anmerkungen

1 Vgl. MIGUEL BENASAYAG, *Le Mythe de l'individu*. Paris: La Découverte, 1998.

2 SIGMUND FREUD, *Das Unbehagen in der Kultur*. In: Sigmund Freud. Studienausgabe. Frankfurt a. M.: S. Fischer Verlag, 1974, Bd. IX, S. 209.

3 EDMUND HUSSERL, *Die Krisis der europäischen Wissenschaften und die transzendentale Phänomenologie*. Hamburg: Felix Meiner Verlag, 1982 (zweite, verbesserte Auflage), S. 4f.

4 FRANÇOISE HÉRITIER, *Masculin/Féminin*, Bd. 2, Dissoudre la hiérarchie, Paris: Odile Jacob, 2002.

5 PLOTIN, *Enneaden*. In: *Plotins Schriften*. Griech.-dt., übers. v. Richard Harder, 7 Bde. Hamburg: Meiner, 2004.

6 MIGUEL BENASAYAG, *Le Mythe de l'individu*.

7 SIGMUND FREUD, *Jenseits des Lustprinzips*. In: Sigmund Freud. Studienausgabe, Bd. III.

8 GUY DEBORD, *Die Gesellschaft des Spektakels*. Berlin: Edition Tiamat, 1996 (Orig.: *La Société du spectacle*, ersch. 1967, Paris: Gallimard, 1992).

9 FRANÇOISE HÉRITIER, *Masculin/Féminin*, Bd. 2., a.a.O.

10 LUDWIG WITTGENSTEIN, *Tractatus logico-philosophicus, Logisch-philosophische Abhandlung*. Frankfurt a. M.: Suhrkamp, 2003.

11 ÉTIENNE DE LA BOÉTIE, *Von der freiwilligen Knechtschaft des Menschen*. Hrg. u. eingel. v. Heinz-Joachim Heydorn, übers. v. Walter Koneffke. Frankfurt a. M.: Europäische Verlagsanstalt, 1968.

12 THOMAS SZASZ, *Geisteskrankheit – ein moderner Mythos? Grundzüge einer Theorie des persönlichen Verhaltens*. Olten/Freiburg i. Br.: Walter-Verlag, 1972. (Orig.: *The Myth of Mental Illness. Foundations of a Theory of Personal Conduct*. New York 1961.)

13 Beispielsweise des kindertherapeutischen Therapiezentrums »La Nouvelle Forge« in Senlis.

14 FLORENCE AUBENAS und MIGUEL BENASAYAG, *Résister, c'est créer*. Paris: La Découverte, 2002.